财会类核心课程教学案例丛书

财务管理案例
解析与训练

鲍新中　丛书主编

尹夏楠　主编

电子工业出版社
Publishing House of Electronics Industry
北京·BEIJING

内 容 简 介

本书分为三个部分，共 12 章，每章为一个企业财务管理业务案例。其中，第 1～3 章为案例解析篇，对案例进行深入剖析，从案例背景、案例思考、案例提示、案例解析和案例小结 5 个方面展开讨论。第 4～6 章为案例训练篇，提供了 3 个公司的案例供学生练习，并附答案，供学生参考。第 7～12 章为扩展阅读篇，为学生提供了详细的案例实践资料，供学生课后深入阅读和理解。

未经许可，不得以任何方式复制或抄袭本书之部分或全部内容。
版权所有，侵权必究。

图书在版编目（CIP）数据

财务管理案例：解析与训练 / 尹夏楠主编. —北京：电子工业出版社，2020.3
ISBN 978-7-121-38283-3

I. ①财⋯ II. ①尹⋯ III. ①财务管理－案例－高等学校－教学参考资料 IV. ①F275

中国版本图书馆 CIP 数据核字（2020）第 021607 号

责任编辑：石会敏　　　文字编辑：苏颖杰
印　　刷：北京盛通商印快线网络科技有限公司
装　　订：北京盛通商印快线网络科技有限公司
出版发行：电子工业出版社
　　　　　北京市海淀区万寿路 173 信箱　　邮编：100036
开　　本：787×1092　1/16　　印张：8　　字数：203.2 千字
版　　次：2020 年 3 月第 1 版
印　　次：2023 年 9 月第 4 次印刷
定　　价：30.00 元

凡所购买电子工业出版社图书有缺损问题，请向购买书店调换。若书店售缺，请与本社发行部联系，联系及邮购电话：(010)88254888，88258888。
质量投诉请发邮件至 zlts@phei.com.cn，盗版侵权举报请发邮件至 dbqq@phei.com.cn。
本书咨询联系方式：(010)88254537。

丛书总编简介

鲍新中，北京联合大学管理学院教授，会计学科带头人，创新企业财务管理研究中心主任，博士，北京市高校教学名师，北京市长城学者，北京市师德先锋称号获得者，中国注册会计师协会会员，《国际会计前沿》杂志编委。主持国家社科基金、省部级课题、北京市教委教改课题，以及企业委托课题数十项。在SCI、EI国际期刊及《中国管理科学》《系统管理学报》《科学学研究》《管理学报》等国内专业学术期刊发表论文一百余篇，主编或参编著作及译著十余本，2005年和2011年作为高级访问学者两次在美国得克萨斯大学阿灵顿分校（University of Texas at Alington，UTA）进修并从事研究工作。主要研究方向为知识产权融资、供应链融资、财务风险管理等。

作者简介

尹夏楠，博士，北京联合大学管理学院副教授，硕士生导师，中国注册会计师，高级国际财务管理师。北京文化宣传基金会监事，长期在会计师事务所兼职。主持、参与国家级、省部级课题多项，在《华东经济管理》《科技管理研究》等国内学术期刊发表财务领域科研和教研论文三十多篇，参编《公司理财》《会计综合模拟实训》等教材十余本。

总　　序

随着我国高等教育从精英教育向大众化教育的快速过渡，通识教育受到了我国高等教育界的广泛重视。实际上，通识教育的理念在我国由来已久，孔子曰"君子不器"，庄子曰"后世之学者，不幸不见天地之纯，古人之大体，道术将为天下裂"，这些都是明证。现代教育之父威廉·冯·洪堡也明确指出："大学应实施通识教育，而不应涉足职业教育。"而哈佛大学的"自由教育"——在自由探究精神指导下的不预设目标、不与职业挂钩的教育，也是在近400年的历史中一直坚持的一个理想，"尽管在越来越世俗化和功利化的今天，这种坚持已经变得越来越艰难"。

在大学教育中加强通识教育已经越来越多地成为研究型大学的共识，而以培养应用型人才为主的地方本科院校，以及以培养高层次应用型专门人才为目标的专业硕士教育，由于专业教育事关学生的就业更受重视，因此可能出现"专业教育为主，通识教育为辅"的主次关系。事实上，专业教育和通识教育是共生的，是相互补充、交融的。哈佛通识教育委员会主席J.哈里斯指出："自由教育的特点是又宽又深。所谓宽，是指教给学生的整个知识范围'宽'；所谓深，则意味着要深入各个专业，每门课都讲究深度。"专业教育致力于培养学生对某一学科的深入理解，这是专业化时代的要求。只有当一个人深入钻研某一复杂学科之后，才能学会分析问题，才能合理地解决问题，才能明白真正的智力探究与探索是什么意思。即使一个人在学生时代选择的专业与他未来的事业之间毫无关联，或者20年后将所学的专业知识全部忘光，但是他至少懂得精通一门专业是怎么回事。从这个角度来说，专业教育也可以看成是广义通识教育的组成部分，专业教育与通识教育并不是相互对立的，而是相互融合的。

秉承"知行思创"的教学理念，北京联合大学创新企业财务管理研究中心在财会类本科和硕士层面的人才培养过程中，在通识教育和专业教育的相互融合方面做出了有益的尝试。"知"即掌握专业知识，获取一张有分量的专业证书；"行"即注重专业实习和社会实践，拥有一段有收获的实践经历；"思"即在专业知识基础上的拓展，拥有一段深入的科学研究体验；"创"即培养创新思维、创新能力和兴趣爱好，获得一张有含金量的竞赛获奖证书，继而拥有一份美好的职业和生活前景。

案例教学是贯彻"知行思创"教学理念的重要手段。在"知"方面，通过案例将多门课程的内容融合，促进专业知识的融会贯通；在"行"方面，案例来源于教师的专业实践工作，使学生的学习更加贴近实际；在"思"方面，学生通过案例分析，写出具有专业水准的研究报告；在"创"方面，鼓励学生参加专业案例大赛，全面提升实践能力。

经过多年的探索，北京联合大学创新企业财务管理研究中心在高层次应用型人才培养方面取得了一定的成绩，特别是在案例教学方面积累了一定的经验。在2018年《中国大学分专业竞争力排行榜》中，北京联合大学财务管理专业在全国505所开设此专业的高校中，名列第29位，被评为五星专业，会计学专业名列第57位，被评为四星专业。会计学学术硕士和会计专业硕士的人才培养成绩突出，培养的研究生大都继续攻读博士学位或进入知名企业工作。研究中心的教师也获得北京高校教学名师奖、北京市优秀教师、北京市长城学者、北京市师德先锋、北京市青年岗位能手标兵、全国高校微课教学比赛二等奖、北京市青年教师教学基本功比赛一等奖等称号或奖项。

以前期的教学成果和研究成果为基础，北京联合大学创新企业财务管理研究中心此次将陆续整理出版"财会类核心课程教学案例丛书"，此套丛书包括五门核心课程的配套案例，即《成本管理会计案例：解析与训练》《财务管理案例：解析与训练》《财务会计案例：解析与训练》《财务分析案例：解析与训练》《审计案例：解析与训练》。本套丛书可作为高等学校会计学专业、财务管理专业、审计学专业等本科生，以及会计学学术硕士、会计专业硕士、MBA、EMBA等研究生的教学参考书，也可作为工商企业财会人员和企业经营管理人员的自学手册，还可作为企业培训高级财会人才和经营管理人才的培训参考教材。

案例的编写和运用是高层次应用型人才培养中贯彻通识教育和专业教育相融合的一条有效途径，但是原创案例的编写是一项艰巨而费时的工作。鉴于能力所限，北京联合大学创新企业财务管理研究中心所编写的此套案例丛书难免存在一些疏漏和不足，希望各位专家和广大读者给予批评指正，使之日臻完善。

前　言

　　案例教学起源于美国哈佛商学院，其本质是以学生为中心、理论与实践相结合的互动式教学模式。开展财务管理案例教学，传播财务管理理论知识与技术方法，是引导商学院教师和学生关注和研究企业财务管理活动的一个较为有效的途径。

　　20世纪80年代案例教学法被引入中国，进入教学实践。由于案例教学法在中国教育领域发挥的功能和价值逐渐被认可，因此，对案例教学的需求急剧增加。财务管理课程的教学更是如此。但在财务管理案例教学中，暴露出的诸多现实问题亟待解决，其中最突出的是符合中国情境的高质量财务管理案例匮乏。案例教学法推广和使用的前提是要有相当数量的优质案例，而现实是财务管理案例缺乏典型性、针对性和时效性，严重阻碍了财务管理案例教学的发展，同时也制约了学生的学习效果。因此，发掘和整理贴近当前企业经营管理现状且符合时代特色的财务管理教学案例显得尤为重要和迫切。在这方面，我校鼓励和支持师生用"产学研"一体化等视角，深入企业一线，动态观察和跟踪企业财务管理实践，撷取和凝练财务管理理念，构建能全面系统地支撑教学的财务管理案例知识体系，并实现案例发掘与案例教学互相促进的良性循环，推动案例教学可持续发展。

　　本书作者多年来一直从事与企业财务管理相关的教学和实践工作，组织财务管理案例教学及相关研究，对案例教学有一定的实践积累，深化了对案例教学模式的认识和思考。希望这本教材，能为财务管理案例教学提供有益的参考和借鉴。

　　本书根据企业财务管理活动的实践过程和主要环节，精选了融资决策、投资决策、企业价值评估、股利政策、营运资金管理和财务报表分析等核心内容，在介绍案例的同时，强调理论的重要性，在案例解析和案例训练篇都做了知识点介绍，将实践和理论有机结合。本书结构完整、合理，读者也可根据自身的学习进度和知识结构灵活地选择学习内容，在没有掌握融资、投资决策和价值评估的情况下，可先学习财务报表分析和股利政策。同时，本书还注重可读性，根据财务管理工作的基本程序和教学的基本规律，对理论问题的阐述繁简适当，通俗易懂；对操作方法与技术的介绍具体细致，易于理解和运用。

　　全书由北京联合大学创新企业财务管理研究中心的鲍新中和尹夏楠老师负责策划与定稿。本书的编写分工如下：

　　第1、4章由王彤彤编写；第2、5、7章由李秀芹编写；第3、9、10章由尹夏楠编写；第6、8章由魏琳编写；第11、12章由严鸿雁编写。

在本书编写过程中，为了总结和吸取以往案例教材建设方面的经验、尽可能集成现有已成熟的教学成果，我们参考了大量国内外有关方面的教材、著作和其他文献，在此我们对参考文献的作者表示衷心的感谢。中国工信出版集团电子工业出版社石会敏老师对本书的编写给予了精心指导和大力帮助，在此表示衷心的感谢。由于编者理论水平和实践经验有限，加之时间仓促和有些方面资料不足，不妥之处在所难免，敬请广大读者批评指正。

编　者

2019.10.12

目 录

第一部分 案例解析篇

第1章 阿里巴巴融资分析 2
    1.1 案例背景 2
        1.1.1 阿里巴巴概况 2
        1.1.2 案例资料 2
    1.2 案例思考 5
    1.3 案例提示 6
    1.4 案例解析 7
        1.4.1 知识点 7
        1.4.2 参考答案 10
    1.5 案例小结 12

第2章 广汽集团新能源乘用车E车型项目投资决策 13
    2.1 案例背景 13
        2.1.1 广汽集团经营概况 13
        2.1.2 案例资料 13
    2.2 案例思考 17
    2.3 案例提示 17
    2.4 案例解析 17
        2.4.1 知识点 17
        2.4.2 参考答案 21
    2.5 案例小结 23

第3章 格力电器企业价值评估 24
    3.1 案例背景 24
        3.1.1 格力电器经营概况 24
        3.1.2 案例资料 25

3.2 案例思考 ··· 26
3.3 案例提示 ··· 26
3.4 案例解析 ··· 26
   3.4.1 知识点 ·· 26
   3.4.2 参考答案 ·· 32
3.5 案例小结 ··· 36

第二部分 案例训练篇

第 4 章 蒙牛、碧桂园的对赌协议 ·· 38
4.1 案例背景资料 ·· 38
   4.1.1 蒙牛乳业与摩根士丹利等签订对赌协议 ······················· 38
   4.1.2 碧桂园与美林的对赌协议 ··· 40
4.2 案例思考与分析 ··· 42
4.3 知识点提示 ·· 42
   4.3.1 对赌协议的含义及类型 ··· 42
   4.3.2 对赌协议的签订动机 ··· 43
4.4 案例参考答案 ·· 44

第 5 章 华能国际高派现股利政策 ·· 46
5.1 案例背景资料 ·· 46
5.2 案例思考与分析 ··· 48
5.3 知识点提示 ·· 48
   5.3.1 影响上市公司股利政策的主要因素 ······························ 48
   5.3.2 上市公司股利分配方式 ··· 50
   5.3.3 上市公司股利政策 ·· 52
5.4 案例参考答案 ·· 54

第 6 章 碧水源企业价值评估 ·· 57
6.1 案例背景资料 ·· 57
   6.1.1 碧水源公司简介 ··· 57
   6.1.2 碧水源公司价值评估数据 ··· 57
6.2 案例思考与分析 ··· 60
6.3 知识点提示 ·· 60
   6.3.1 资本成本 ·· 60

	6.3.2 企业价值评估方法 ……………………………………………… 63
6.4	案例参考答案 ………………………………………………………… 64

第三部分　扩展阅读篇

第7章　吉林敖东应收账款管理 ………………………………………… 68
- 7.1　案例背景 ………………………………………………………… 68
- 7.2　应收账款总额分析 ……………………………………………… 69
- 7.3　应收账款增长率与营业收入增长率对比分析 ………………… 70
- 7.4　应收账款结构分析 ……………………………………………… 72
- 7.5　应收账款账龄分析 ……………………………………………… 73
- 7.6　应收账款坏账分析 ……………………………………………… 73
- 7.7　应收账款周转率分析 …………………………………………… 74
- 7.8　案例小结 ………………………………………………………… 75

第8章　美的公司财务分析 ……………………………………………… 76
- 8.1　案例背景 ………………………………………………………… 76
- 8.2　美的公司主要会计事项分析 …………………………………… 77
  - 8.2.1 存货质量分析 ……………………………………………… 77
  - 8.2.2 应收账款质量分析 ………………………………………… 78
  - 8.2.3 固定资产质量分析 ………………………………………… 80
- 8.3　美的公司主要财务报表分析 …………………………………… 81
  - 8.3.1 资产负债表分析 …………………………………………… 81
  - 8.3.2 利润表分析 ………………………………………………… 83
  - 8.3.3 现金流量表分析 …………………………………………… 84
- 8.4　美的公司主要财务比率分析 …………………………………… 85
  - 8.4.1 盈利能力分析 ……………………………………………… 85
  - 8.4.2 偿债能力分析 ……………………………………………… 86
  - 8.4.3 营运能力分析 ……………………………………………… 87
  - 8.4.4 发展能力分析 ……………………………………………… 88
- 8.5　美的公司财务状况的综合评价及对策分析 …………………… 89
  - 8.5.1 美的公司财务状况的综合评价 …………………………… 89
  - 8.5.2 对策分析 …………………………………………………… 90

第9章　佛山照明现金股利政策 ······ 92
9.1　案例背景 ······ 92
9.2　佛山照明历年现金股利分配情况 ······ 92
9.3　佛山照明现金股利政策分析 ······ 94

第10章　北京君正估值分析 ······ 96
10.1　案例背景 ······ 96
10.2　公司特点 ······ 97
10.2.1　公司产品竞争力分析 ······ 97
10.2.2　公司管理能力分析 ······ 97
10.2.3　公司增长分析 ······ 98
10.2.4　产业链地位 ······ 98
10.2.5　资本支出分析 ······ 99
10.3　公司估值 ······ 100

第11章　北京中关村中技服务集团的投融资服务 ······ 101
11.1　案例背景 ······ 101
11.2　中关村中技服务集团五位一体的运营模式 ······ 101
11.3　中关村中技服务集团的创新产品 ······ 103
11.4　中关村中技服务集团提供服务的科技型企业 ······ 104

第12章　中国知识产权质押融资模式创新 ······ 107
12.1　案例背景 ······ 107
12.2　知识产权质押融资模式 ······ 107
12.2.1　政府主导型模式 ······ 107
12.2.2　政府引导下的市场化模式 ······ 108
12.2.3　政府鼓励下的市场化模式 ······ 110
12.3　知识产权质押融资模式中各主体风险分析 ······ 111
12.3.1　知识产权质押融资模式中各主体风险的共同点 ······ 112
12.3.2　各类知识产权质押融资模式中各主体风险的比较分析 ······ 113

参考文献 ······ 115

第一部分　案例解析篇

第1章　阿里巴巴融资分析
第2章　广汽集团新能源乘用车 E 车型项目投资决策
第3章　格力电器企业价值评估

第1章

阿里巴巴融资分析

1.1 案例背景

1.1.1 阿里巴巴概况

阿里巴巴(阿里巴巴网络技术有限公司,以下简称"阿里巴巴")成立于1999年9月10日,注册地为开曼群岛,总部所在地为中国杭州(中国总部)和中国香港(国际总部),主营业务包括电子商务、网上支付、B2B网上交易及云计算业务。2016年4月6日,阿里巴巴正式宣布已经成为全球最大的零售交易平台。2018财年(2017年4月至2018年3月),阿里巴巴收入为2 502.66亿元,同比增长58%,其中核心电商业务收入为2 140.20亿元,同比增长60%。2018年,公司股价创出历史新高200美元,市值突破5 000亿美元,一度排名全球第六,稳居全球十大上市公司之列。

1.1.2 案例资料

1. 阿里巴巴第一轮融资

1999年3月,以马云为首的18人团队投入50万元的资金在杭州启动了阿里巴巴网站的运营。半年后,1999年10月,网站会员人数达到4.1万人。在拒绝了38家的风险投资后,蔡崇信的加入帮助团队落实了"十八罗汉"的股权协议,彻底将阿里巴巴变成了股份制企业,同时获得了高盛、新加坡TDF(新加坡政府科技发展基金,简称"新加坡TDF"),以及原东家InvestorAB公司共同投资的500万美元。

2. 阿里巴巴第二轮融资

进入2000年,阿里巴巴的会员已经达到了10万人,遍布180个国家和地区。此时,孙正义(日本软银主席)来中国寻找投资项目,决定投资3 000万美元获得阿里巴巴30%的股份。然而,马云开出2 000万美元加上"必须自己掌控阿里巴巴"的条件。2000年1月,软银联合富达、汇亚资本、日本亚洲投资、瑞典投资、新加坡TDF等以2 500万美元入股阿里巴巴,其中软银的投资额达到2 000万美元。

3. 阿里巴巴第三轮融资

2002年，阿里巴巴B2B公司开始盈利。2003年，个人电子商务网站"淘宝网"成立。同年，阿里巴巴发布在线支付系统——支付宝。截至2004年，阿里巴巴连续四年被评为全球最佳B2B网站，并且在2003年实现了每日收入超过百万元的目标。此时，eBay的崛起和"非典"的入侵逐渐开始改变人们的购物习惯，阿里巴巴抓住了这个契机，淘宝网正式诞生。2004年2月，阿里巴巴再次获得软银、富达投资和纪源资本（Granite Global Ventures，GGV）共计8 200万美元的投资，其中有6 000万美元单独注资淘宝，软银依然是其最大股东。

4. 阿里巴巴第四轮融资

2005年，雅虎以价值10亿美元的股票及雅虎中国旗下全线业务（不包括雅虎与新浪网合资成立的"一拍网"在内）为代价，换取在阿里巴巴的股份，成为阿里巴巴单一最大股东（如果将阿里巴巴管理团队的所有股份合并计算，雅虎的持股数仍将排在第二位）。在雅虎进入之前，阿里巴巴原单一大股东软银所持阿里巴巴的股份为28%，在雅虎入股后，软银原先持有的股份经过稀释，降为约19.6%，成为仅次于雅虎的第二大单一股东，其他机构股东的股份也有相应的摊薄。

关于这次合作的更多细节，一直到2007年年底，阿里巴巴旗下的B2B业务（HK:01688）在中国香港上市时，才在提交给港交所（香港证券交易所，简称"港交所"）的上市招股书中，披露了2005年雅虎与阿里巴巴签订协议的诸多细节。在这份文件中可以查到：雅虎与阿里巴巴签订的诸多关键条款都将从2010年10月开始发生重大变化：

"雅虎已同意按Alibaba.com Corporation管理股东于任何其股东大会所指示方式就所持Alibaba.com Corporation股权35%以上的股份投票，直至……(c)2010年10月……倘软银因股权减至低于协定下限而失去委任权利，则雅虎可额外委任一名董事，而自2010年10月起，雅虎可委任的董事总数将位于该日期可委任的董事人数及Alibaba.com Corporation管理股东于该日可委任的董事人数两者之间较高者之数目。"

这四笔交易完成之后，阿里巴巴形成了三足鼎立的股东构成：雅虎、马云团队与软银。在董事会中，阿里巴巴管理层占有两席绝对多数，软银依然维持一席，雅虎的总裁杨致远顶替高盛代表成为阿里巴巴董事。管理层拥有两席的前提是总共持股25%以上。尽管雅虎作为单一独立大股东，但需要将其中4%的投票权交由马云及其管理团队执行，时间期限为2010年10月。同时，附属的条约内容还包括在2010年10月之后，雅虎将收回4%的投票权，成为阿里巴巴真正的第一大持股股东。雅虎在阿里巴巴的董事会的席位可以由原来的一位增加至两位，与阿里巴巴管理层任命的董事数目齐平，董事会也将由四人变为五人。但马云在阿里巴巴只要持有一股股票,就有权指派一名董事;同时,"马云不会被辞退"的承诺也将在 2010 年 10 月到期。此外,对于第三方股东软银,协议也进行了约束,若软银减持交易完成日所持阿里巴巴股票的 50%,则将失去在董事会中任命董事的权利,将由雅虎增加一名董事顶替该董事空缺。

这意味着:第一,阿里巴巴除软银之外的前三轮投资人彻底套现退出,他们当初投入的总成本是 3 200 万美元,退出时获得 5.7 亿美元,即 17.8 倍的回报;第二,软银也获得部分套现(软银此前给阿里巴巴与淘宝的总投入是 8 000 万美元,如今不仅套现 1.8 亿美元,而且还继续成为阿里巴巴的大股东);第三,雅虎支付的 10 亿美元,实际只有 2.5 亿美元进入了阿里巴巴的口袋,其余部分则都被其前几轮投资人套现瓜分。雅虎的注资令淘宝在与 eBay 的"烧钱"大战中彻底胜出。当然,马云也不得不开始面对其最大的隐患:自己的大股东地位不保,雅虎成为阿里巴巴第一大股东,马云有可能丧失对企业的控制权。

5. 阿里巴巴第五轮融资

2007 年,阿里巴巴由全球排名前两位的顶级投行高盛和摩根士丹利任主承销商,准备赴中国香港上市。高盛发表研究报告称,以国际上众多电子商务上市公司的收入计算,阿里巴巴 2006 年在全球的市场占有率达 66%;如仅计算内地电子商务公司,其市场份额更高达 70%。分析人士预计,在阿里巴巴 B2B 业务融资的 10 亿美元中,近四分之三的收入将用于阿里巴巴的淘宝网等其他业务。淘宝网是阿里巴巴的另一业务部门,主要开展 C2C 和 B2C 业务。根据淘宝网公布的信息,自 2003 年 5 月成立以来,该网站已经吸引了超过 3 000 万名注册用户。淘宝网 2006 年总交易金额超过 21.8 亿美元,同比增长 1 倍以上。2006 年的调研数据显示,在"十一"黄金周里,中国消费者在网上购买近 10 亿元人民币的商品,和 2005 年同期相比,增长约 200%。

不过,此次在中国香港上市,淘宝、支付宝等业务并不包括在内,阿里巴巴从股市获得的巨额资金将再投入到电子商务领域。阿里巴巴的在线 B2B 业务已逐步由为中小企业提供在线交易平台的初级服务转变为提供生态链服务,包括信息流、物流、资金流等电子商务基本服务,以及线下展会、融资、信息化管理等增值服务,以加强会员黏性。

2007 年 11 月 6 日,阿里巴巴 B2B 业务在中国香港上市(HK:01688),发行价 13.5 港元/股,开盘价 30 港元,涨幅达到 122%,融资 15 亿美元,创下中国互联网融资之最。2012 年 2 月,阿里巴巴正式向其子公司 B2B 董事会提出私有化邀约,后者在 2012 年 6 月 20 日下午从香港联交所(香港联合交易所,简称"香港联交所")撤销上市地位。退市价仍为 13.5 港元/股,此轮融资对阿里巴巴而言就是从股民手中获得了一笔价值为 190 亿港元的无息贷款。

6. 阿里巴巴第六轮融资

2012年7月，阿里巴巴宣布将子公司的业务升级为阿里国际业务、阿里小企业业务、淘宝网、天猫、聚划算、一淘和阿里云7个事业群。自2013年起，阿里巴巴开始寻求整体上市。2013年9月10日，董事局主席马云以内部邮件形式正式公布了合伙人制度。该制度将允许包括马云在内的合伙人在上市后提名半数以上的董事，以保证对公司的控制权。根据《香港经济日报》的报道，阿里巴巴随后向港交所提出上市建议。然而因为阿里巴巴坚持执行其独特的"合伙人制度"，香港联交所在讨论后认定该制度与现行同股同权的制度有所冲突。2013年9月双方谈判正式破裂，10月10日，阿里巴巴CEO陆兆禧对外表示，"我们决定不选择在香港上市"，这是阿里巴巴首次就IPO（首次公开招股）相关事宜做出公开表态，阿里巴巴的香港上市之路宣告失败。

2014年3月16日，阿里巴巴宣布，已经启动该公司在美国的上市事宜。北京时间2014年5月7日凌晨，阿里巴巴向美国证券交易委员会（以下简称"美国证监会"）提交了IPO招股书，融资规模预计150亿美元以上。2014年6月16日，阿里巴巴向美国证监会更新了招股说明书，首次公开"阿里巴巴合伙人"名单以及2014财年整体业绩。合伙人团队由马云、蔡崇信、陆兆禧、彭蕾等27人组成。北京时间6月27日凌晨，阿里巴巴向美国证监会递交招股书增补文件。文件显示，阿里巴巴决定在纽约证券交易所挂牌上市，股票代码"BABA"。2014年9月6日，阿里巴巴向美国证监会提交更新后的招股文件称，将以每股美国存托凭证60~66美元的价格挂牌上市，这将创下美国市场上有史以来按市值计算的最大IPO交易。招股书文件显示，阿里巴巴将筹集243亿美元资金，按定价区间的中值计算，其市值将为1550亿美元左右。2014年9月19日，阿里巴巴将其IPO价格确定为每股68美元，也就是此前定价区间的上限，这项交易创下全球范围内规模最大的IPO交易之一。2014年9月20日，阿里巴巴在美国纽约证券交易所挂牌上市，股票代码BABA，首日报收于93.89美元，较发行价上涨38.07%，以收盘价计算，其市值破2300亿美元。从50万元人民币初创到上市市值达到2300亿美元左右，阿里巴巴用了15年时间。

1.2 案例思考

(1) 按照经典的财务理论，企业的融资顺序应是：内部融资、债权融资、股权融资，阿里巴巴在六轮大规模融资过程中为何更多地选择"股权融资"？

(2) 第四轮融资后，马云如何确保自己对阿里巴巴的控制权不受外界影响，比如，从雅虎成功回购股票还是协商新的协议？

(3) 阿里巴巴先后选择中国香港和美国作为其上市地点，如何评价其第五轮与第六轮融资中的海外上市？

1.3 案例提示

1. 融资方式选择的分析

财务管理对企业融资方式的关注主要有三个方面：一是融资方式影响企业的治理结构；二是融资方式影响企业的融资成本(或企业价值)，选择债权融资还是股权融资是一个经典的资本结构的问题；三是融资方式会影响企业净收益的变化。

1) 从治理结构上分析

公司治理解决的是资金供给者如何设计某种机制，以确保自己的投资得到一定回报的问题(Shleifer&Vishny，1997)。这里，权益融资与债权融资不仅是融资的方式，也可以被视作治理结构。股东向公司提供资本，意欲依托股权行使控制权，特别是股权集中度不同，对公司的治理模式不同。集中制股权结构通常通过内部治理进行监督、约束、激励，资产负债率一般较高；而采取分散型股权的机构更依赖外部资本市场与职业经理人市场强化公司治理，资产负债率相对较低。

2) 从融资成本上分析

企业的融资选择与融资成本有着密切的关系。股权融资成本包括股利和发行费用。在不考虑分红的前提下，企业股权融资成本一般低于债权融资成本，因此股权融资自然成为上市公司的理性选择(发达国家的市盈率一般为 10~20 倍，股权融资成本比我国高)。

但如果考虑其他潜在成本，特别是股权融资所带来的市场负面效应和控制权收益的损失，如果新股融资不能带来超额收益以抵偿这些风险和成本，上市公司就会放弃股权融资而选择其他融资方式。因此还要比较股权融资和债权融资收益的大小。

3) 从收益上分析

债权融资的收益主要来自负债利息抵减所得税形成税盾所带来的税收节约，在同类风险的企业中，负债经营公司的融资成本等于非负债公司的融资成本加上风险报酬，因此负债越大，公司价值越大。权衡理论认为，如果考虑财务危机成本和代理成本，那么负债公司的价值是非负债公司价值加上税收节约价值减去财务危机成本和代理成本的现值，随负债的增加带来的破产成本会降低企业的市场价值。因此，最佳资本结构应是在税收节约的边际收益等于财务危机边际成本加上边际代理成本之间的最优选择点。税收节约收益的大小取决于税收制度、会计政策和负债利息率。

股权融资行为通常被认为是一种现金不足的消极信号，可能导致市场低估公司价值，并且股权扩张会导致权益被稀释和股东的控制权收益丧失。通常情况下，只有当公司的投资收益率低于负债利息率时，或当企业的所得税率较低，债权融资税收收益很小时才选股权融资。

所以，当企业需要决定是采取股权融资还是债权融资时，第一，要考量自己是否能够承担现金流的刚性支出，因为需要定期支付债务利息，否则就有信用降级、债务违约，甚至破产的风险。而股权融资对于企业现金流的要求没有那么高，因为股息的分配不是强制的。第二，企业进行股权融资，实质上是出售自己的所有权。那么，企业倾向于在自身价值被市场高估的时候发行股份。特别是在市场普遍看好某一行业或商业模式时，股权融资当然是上策。对于中国的资本市场而言，很多中小型企业在债券市场、银行信贷市场融资相对困难，所以并不表现出经典财务学理论所预计的最佳融资顺序。

2. 创始人控制权的分析

企业成立初期，创始人作为企业的唯一投资者，拥有企业全部的所有权。此时，创始人的控制权来自所有权，所有权来自创始人投入的一系列资源，包括为创立企业最初投入的财富资源、自己的知识资源，以及十分重要的社会资源等。控制权的最根本来源在于资源的投入。

随着企业的发展，大部分的初创企业都将面临资金不足、运营难以为继的局面，这就需要继续融资，而融资必然面临着所有权的稀释，进而引发创始人控制权的削弱。

1.4 案例解析

1.4.1 知识点

1. 股权融资与债权融资的特征

企业的资金来源通常由自有资金和外源资金两部分组成，外部融资的方式主要有股权融资与债权融资。股权融资包括吸收直接投资和发行股票、配股、债转股等；债权融资包括借款、发行公司债券等。

1) 股权融资

股权融资是指资金不通过金融中介机构，借助股票这一载体直接从资金盈余主体流向资金短缺主体，资金供给者作为所有者（股东）享有对企业控制权的融资方式。股权融资具有以下几个特点。

① 长期性。股权融资筹措的资金具有永久性，无到期日，不需要归还。

② 不可逆转性。企业采用股权融资不需还本，投资人欲收回本金，需借助于流通市场。

③ 无负担性。股权融资没有固定的股利负担，股利的支付与否和支付多少视公司的经营需要而定。

2）债权融资

债权融资是指企业通过举债筹措资金，资金供给者作为债权人享有到期收回本息的融资方式。相对于股权融资，债权融资具有以下几个特点。

① 短期性。债权融资筹措的资金具有使用上的实践性，需到期偿还。

② 可逆性。企业采用债权融资方式获取资金，负有到期还本付息的义务。

③ 负担性。企业采用债权融资方式获取资金，需支付债务利息，从而形成企业的固定负担。

2. 控制权的含义

控制权，自1932年Berle&Means提出了两权分离的理论之后，国内外学者对其进行了深入研究。首先，对于控制权的来源上，理论界已经形成共识，即控制权理论上来自所有权，但也会受到其他诸如人力资源、文化因素的影响。在不完全契约理论假设下，即存在一定的权利，在契约签订之初是所有者考虑不到的，在情况发生时可由管理者自行决断的权利。这部分权利导致委托代理问题的产生。由于这些问题是所有权无法干涉的，超脱于所有权的控制权，理论界普遍将其称为剩余控制权，最早由Grossman&Hart在1986年提出，这也是控制权理论后期主要研究的问题。此外，剩余控制权之外的控制权被称为特定控制权，即由所有者掌控的那部分管理者无法自由裁量的权利。

关于剩余控制权的来源，理论界从不同的角度给出了不同的解释：从管理者主观角度来说，他可以通过主观上的积极或消极来直接影响公司的经营业绩，从而影响所有者的收益，这种控制权尤其在管理层对自身收益不满时发生，所有者可以通过考核机制或者是合适的激励机制来限制管理层在该方面的控制权，这种观点也被称为差别效率理论。此外，管理者利益角度不同也会导致所有者受益的差异，尽管现代企业都被要求关注利益相关者的诉求，但在企业收益有限的情况下，企业价值最大化和股东价值最大化依然存在差异，这就需要管理者自身的取舍。另一个比较有名的理论是Michael C. Jensen在1986年提出的自由现金流量假说，在公司扣除满足当期所有项目折现的现金流的情况下，依然留存部分现金流。出于股东权益最大化的角度，管理层应将这部分不会产生更高收益的现金流分配给股东，由股东自主寻找新的项目进行资金的收益再创造。但这样无疑会减少管理层可自由调配资源的规模，相应地减少管理层的权利。如果仅出于自身情况考虑，管理层更有可能利用自身信息优势，将这些剩余现金流进行隐藏或对公司的所有者进行有限的披露。

3. 创始人控制权的影响因素

在融资过程中对控制权的影响因素主要包括两个：融资方式和投资人的选择。债务性融资不会危及创始人的控制权，但拥有对企业财产的追索权，如果经营不善，很可能直接破产，但如果经营良好，刨除利息支出，所有者将获得剩余全部的收益。但由于我国资本市场的不完善，银行贷款审批程序较为复杂，风险控制要求很高，对于初创企业来说，大多无法满足要求，而发行债券的方式要求更高。权益性融资虽然不用担心偿还的问题，但必须以分享所有权为代价，而所有权的分享，势必带来分享企业的收益和决策时的投票权。在这个过程中，创始人的控制权将受到威胁。

选择权益性融资就必须面对投资者的要求，不同的投资者对创始人的要求也不一样。以收益为目的，对企业控制权关注较少，这是创始人比较喜欢引入的投资人，我们习惯称为战略投资者。还有一种投资人，他们不但希望以高额的收益作为回报，还要求这些收益变得可控，而控制企业无疑是最有效的一种，于是投资人会要求共同参与决策。控制权的争夺一般都发生在企业发展到成熟期或接近成熟期的时候，此时，开拓型的创始人逐渐失去了其引领企业的核心作用，对于企业的发展逐渐变得并非不可或缺。

在经历过多轮融资的稀释后，大部分的创始人对企业的所有权都会降到绝对控股以下，甚至成为小股东，此时，通过所有权获得控制权已经缺乏最基本的法律支持，而创始人如果依然想维持控制权，就不得不通过其他股东的授权。为此，创始人必须保持公司的良好业绩或者让股东相信创始人比其他职业经理人更能带好企业，更能促进企业的发展。

4. 企业海外上市的形式与地点选择

海外上市是指国内股份有限公司向境外投资者发行股票，并在境外证券交易所公开上市的融资方式。我国企业海外上市有直接上市与间接上市两种模式。海外直接上市是直接以国内公司的名义向国外证券主管部门申请发行的登记注册，并发行股票（或其他衍生金融工具），向当地证券交易所申请挂牌上市交易，即通常说的 H 股、N 股、S 股等。H 股，是指中国企业在中国香港联合交易所发行股票并上市，取"Hongkong"的第一个字"H"为名；N 股，是指中国企业在美国纽约交易所发行股票并上市，取"New York"的第一个字"N"为名；同样，S 股，是指中国企业在新加坡交易所发行股票并上市。

由于直接上市程序繁复、成本高、时间长，许多企业为了避开国内复杂的审批程序，以间接方式在海外上市。即国内企业在境外注册公司，境外公司以收购、股权置换等方式取得国内资产的控制权，然后将境外公司拿到境外交易所上市。海外间接上市主要有两种形式：买壳上市和造壳上市。其本质都是通过将国内资产注入壳公司的方式，达到拿国内资产上市的目的，壳公司可以是上市公司，也可以是拟上市公司。除直接上市与间接上市外，也有少数公司采用存托凭证和可转换债券的方式上市。

企业在选择上市地点时，需要根据自身的发展战略和市场定位对不同的交易所的比较优势进行评估。对于中国企业来说，中国香港、美国纽约、英国伦敦和德国法兰克福都是重点考虑的主要海外市场。中国香港是国际金融中心，是亚洲除日本之外的最大的股票交易所，是包括恒生指数等在内的重要国际性指数的中心市场，吸引了大量国际性的金融机构在此经营。中国香港股票市场是中国概念股票海外上市的重要集聚地，对于中国内地企业来说，中国香港市场作为本土市场的构成部分，便于投资者了解，是中国内地企业海外上市的首选。美国纽约是全球最大的资本市场，是重要的国际性资金供应市场，在纽约上市是大型公司的重要选择。不过，在纽约上市需要根据美国证监会的要求进行严格登记，并遵循严格的信息披露等方面的要求。研究表明，国际投资者对于信息披露严格的美国市场更为偏爱，通常更愿意付出溢价。如果企业能够满足美国证监会的要求在美国上市，就能够在估价中赢得相对较高溢价，同时也有利于促进企业经营管理制度的国际化。

1.4.2 参考答案

（1）按照经典的财务理论，企业的融资顺序应是：内部融资、债权融资、股权融资，阿里巴巴在六轮大规模融资过程中为何更多地选择"股权融资"？

首先，股权融资具有永久性、不可逆转性、无刚性兑付压力等优势；其次，从融资成本上说，在不考虑分红的前提下，企业股权融资成本一般低于债权融资成本，股权融资自然成为公司的理性选择；最后，在市场普遍看好某一行业或商业模式时，公司受到资本市场热捧，自身价值会被市场高估，这个时候企业更倾向于股权融资。阿里巴巴作为中国领先的电子商务平台一直受到投资人的青睐，相比在债券市场、银行信贷市场的融资渠道，阿里巴巴更适宜选择股权融资。

（2）第四轮融资后，马云如何确保自己对阿里巴巴的控制权不受外界影响，比如，从雅虎成功回购股票还是协商新的协议？

阿里巴巴在经过第四轮融资后，在股权结构上变为三足鼎立的局面，三方达成的条款，确保了马云及其管理团队在 2010 年 10 月之前的控制权，尽管失去第一大股东的地位，但依然保持着最高的投票权，尤其是杨致远在任时，基本上国内的事务完全由马云及其管理团队负责，而孙正义则负责日本方面，杨致远则负责美国方面。但是，2010 年 10 月的期限设置无疑为控制权的争夺埋下了伏笔，届时，马云及其管理团队的控制权将要面临的不仅仅是被削弱，还有可能直接失去对阿里巴巴的控制权。

马云及其管理团队也一直在为维持控制权而努力，回购股权的计划从未停止，但雅虎方面不为所动,尤其是在杨致远离职、继任者巴茨上台之后。直至2010年,雅虎依然无出售意愿。马云及其管理团队在协商无果的情况下,采取了转移支付宝的举措。2011年5月,阿里巴巴利用VIE模式(Variable Interest Entities,即可变利益实体,在国内也被称为"协议控制")的漏洞,在没有经过董事会投票表决的情况下,将旗下支付宝的所有权转让给马云控股的另一家中国内资公司(浙江阿里巴巴电子商务有限公司),售价为3.3亿元,雅虎表示自己毫不知情,软银也表达了不满。马云所给的解释是为了获得支付牌照,接着,马云的形象遭到了极大质疑,但此举马云坚持认为不完美但正确,最终的结果就是支付宝依然归属于浙江阿里巴巴电子商务有限公司。但在2011年7月29日,阿里巴巴、雅虎和软银就支付宝股权转让事件正式签署协议,支付宝的控股公司被要求在上市时给予阿里巴巴一次性的现金回报,回报金额为支付宝在上市时总市值的37.5%(以IPO价为准),金额将不低于20亿美元且不超过60亿美元。

此后,雅虎逐步放弃了对控制权的诉求,开始回到谈判桌前,并同意了马云及其管理团队的股票回购计划。2011年9月,马云及其管理团队启动"黎明"计划,云峰基金和新加坡淡马锡等组成的投资团成功用20亿美元回购员工及管理层总共约5%的股份,这部分的投票权将由阿里巴巴管理层享有。2012年9月,阿里巴巴完成了回购雅虎股权的第一步,用76亿美元回购雅虎持有的20%阿里巴巴的股份,协议规定如果阿里巴巴在2015年12月之前公开上市,将有权进一步回购雅虎所持剩余部分股份,这也是为什么马云急于上市的原因之一。谈判约定,交易完成后,公司董事会中软银和雅虎的投票权之和将会降至50%以下。作为交易的一部分,雅虎将放弃其委任第二名董事会成员的权利,同时放弃了一系列与阿里巴巴的战略和经营决策相关的否决权。至此,雅虎、阿里巴巴之间的控制权之争告一段落,马云及其管理团队守住了公司的控制权,引入了一批中小股东,股权得以分散,而控制权再次向马云及其管理团队集中。而雅虎也获得了实实在在的投资收益,小董事会制度继续保护着马云及其管理团队的控制权,直至被合伙人制度取代。

(3)阿里巴巴先后选择中国香港和美国作为其上市地点,如何评价其第五轮与第六轮融资中的海外上市?

中国香港是国际金融中心,是亚洲除日本之外的最大的股票交易所,是中国内地企业海外上市的首选。2007年,阿里巴巴在顶级投行高盛和摩根士丹利的帮助下成功在香港上市,获得投资者的追捧,融资15亿美金,成为当时互联网融资之最,实现了降低资本成本、多元化融资渠道等基本目标。

2010年开始,阿里巴巴推出了"合伙人制",赋予合伙人超越董事会的权力,半数以上的董事必须由阿里巴巴合伙人提名。阿里巴巴认为只有这样才能确保公司的文化传承,其实合伙人制和多层股权制不同,在多层股权制之下,创始人如果卖掉公司的股票，投票权就相应减少，而阿里巴巴合伙人的地位，不受持股多少的影响。2013年，阿里巴巴准备在香港上市的计划由于港交所对"合伙人"制度的拒绝使得阿里巴巴转道美国上市。

美国纽约是全球最大的资本市场，是重要的国际性资金供应市场。由于国际投资者对于信息披露严苛的美国市场更为偏爱，通常更愿意付出溢价，因此如果企业能够满足美国证监会的要求在美国上市，就能够在估价中赢得相对较高溢价，同时也有利于促进企业经营管理制度的国际化。2014年，阿里巴巴在美国上市，融资218亿美元，IPO当天公司市值达到2 314亿美元，一举超过Facebook和Amazon，成为仅次于Google的全球第二大互联网公司。

1.5 案例小结

在企业成立初期，创始人初始资本的投入使企业成立成为可能，也因此拥有对公司的绝对控制权。随着企业的发展，多轮融资使得所有权逐渐被稀释，但稀释的程度可以通过融资方式和创始人的选择来影响。在失去绝对控股权时，创始人可以依靠公司良好的业绩维持自身的控制权。但在公司发展阶段，控制权的争夺可能会非常激烈，创始人不足以稳定地维持自身的控制权时，就需要通过公司治理中的制度设计来巩固自身的控制权。通过制度设计使控股权与控制权进行分离，在保证股东收益权的前提下，对其关于公司决策过程中的投票权进行管理，如阿里巴巴的小董事会制度，以及后期的合伙人制度都是在马云及其管理团队的股权在被严重稀释的情况下设计出的新型制度，由此保证了创始人团队对公司控制权的掌控。

第 2 章
广汽集团新能源乘用车 E 车型项目投资决策

2.1 案例背景

2.1.1 广汽集团经营概况

广州汽车集团股份有限公司(以下简称"广汽集团")的前身是成立于 1997 年 6 月的广州汽车集团有限公司。广汽集团是 2005 年 6 月 28 日,由广州汽车工业集团有限公司、万向集团公司、中国机械工业集团有限公司、广州钢铁企业集团有限公司、广州市长隆酒店集团有限公司作为共同发起人,对原广州汽车集团有限公司进行股份制改造,以发起方式设立的大型国有控股股份制企业集团,是中国汽车行业首家在集团层面引入多家合资伙伴,进行改制设立股份公司的企业。集团旗下拥有广汽乘用车、广汽本田、广汽丰田、广汽三菱、广汽吉奥、本田(中国)、广汽客车、广汽日野、广汽部件、广汽丰田发动机、广汽商贸、广爱公司、同方环球、中隆投资、广汽汽研院等数十家知名企业。

2010 年,广汽集团将香港上市公司骏威汽车私有化,每股骏威汽车股份兑 0.378 610 股广汽 H 股,于 5 月 25 日把骏威汽车除牌,并于 5 月 30 日把广汽 H 股上市。2012 年 3 月 29 日通过换股吸收合并广汽长丰再次进入上海证券交易所,为首家 A+H 股整体上市的大型国有控股汽车集团。

广汽集团主要的业务有面向国内外市场的汽车整车及零部件设计与制造,汽车销售与物流,汽车金融、保险及相关服务,具有独立完整的产、供、销及研发体系。自 2013 年以来,广汽集团连续六年入围《财富》世界 500 强,2018 年位列世界 500 强企业第 202 名,2018 年中国企业 500 强第 45 名。

2.1.2 案例资料

本案例所讨论的新能源乘用车 E 车型生产项目计划主推新能源车型——插电混合车型。

在进行投资项目财务可行性分析时,主要有以下预测信息。

(1) E 车型是在广汽集团原有的 GA 汽油车型的平台上开发的,因此可使用原有的厂房,仅需投入新的总装线,或者对原有的生产线进行改造,就能达到生产能力。项目用 2015 年一年的时间就可建成,经营周期为 2016 年至 2023 年。

(2) 根据产品生命周期理论对产品的销售量进行预测。2016 年为产品的引入阶段,尽管顾客对 E 车型产品不太了解,但基于广汽品牌的知名度,产品上市初期的销售量估计为 5 000 辆。2017 年至 2018 年是产品的成长阶段,随着产品知名度的提升,具有购买意向的顾客增加,产品进行大批量投产,估计产品年销售量为 10 000 辆。2019 年至 2021 年是产品的成熟期。各大汽车厂商推出大量新车型,潜在消费者开始减少,2020 年市场销售量将达到 20 000 辆左右。2021 年产品销售量将减少到 15 000 辆。2022 年至 2023 年是产品的衰退期,预计产品的销售量将分别为 10 000 辆和 5 000 辆。E 车型 2016 年至 2023 年产销量数据见表 2-1。

表 2-1　E 车型产销量和价格表

年份	2016 年	2017 年	2018 年	2019 年	2020 年	2021 年	2022 年	2023 年
产销量(万辆)	0.5	1	1	1.5	2	1.5	1	0.5
价格(万元)	18	18	18	18	18	18	18	18

(3) 中央财政和地方政府的财政补贴均执行到 2015 年,假定政府补贴政策能一直延续。

① 中央财政:广汽集团计划主推的新能源车型属于"插电式混合动力乘用车(含增程式)",补贴金额为每辆车 35 000 元。

② 上海:根据 2014 年上半年上海市政府发布的鼓励新能源汽车消费指导办法,对插电式混合动力乘用车(含增程式)的补贴额度为每辆 30 000 元。

③ 深圳:设立了新能源汽车发展专项资金,按照国家 2013 年补贴标准,对新能源汽车购置给予 1:1 配套补贴,并保持补贴政策 3 年不变。

④ 广州:广州市财政将按照与国家财政 1:1 的比例给予车辆购置配套补贴,在 2013—2015 年期间,广州市财政应给予的地方补贴为每辆 35 000 元。

为了便于估算,将 E 车型的插电混合动力版和纯电动版产品的销售数量合并计算,同时结合后期为避免销量锐减而推出的优化内饰配置的增配车型,E 车型每辆车的销售价格为 18 万元,相关数据见表 2-1。

(4) 从投资和收益增量的角度估算新车型的成本费用,即新车型的成本费用只计算项目所引起的增量成本的部分,不需要计算生产产品的沉没成本,包括原有的固定资产折旧、土地摊销等固定费用。

E 车型项目在建设期新增的投资主要是固定资产投资,其中建设期的利息构成固定资产原值。按照项目规模和投资计划,估算各项建筑工程、机器设备的购置和安装费用等。E 车型项目建设期新增投资总额见表 2-2。

表 2-2 E 车型项目建设期新增投资总额表

项　目	投资金额(万元)	投资占比(%)
1.固定资产投资	28 297	60.33
1.1 工程建设费用	27 937	59.57
1.1.1 建筑工程费用	18	0.04
1.1.2 采购设备及安装费用	6 437	13.72
1.1.3 产品模具和检测夹具	21 482	45.80
1.2 其他费用	360	0.77
2.无形资产	11 898	25.37
3.递延资产	4 537	9.67
4.预备费用	900	1.92
5.借款利息	1 268	2.70
合计	46 900	100.00

经营成本的相关计算标准如下：销售费用按照营业收入的 8%估算；研发费用按照营业收入的 3%估算；项目定员人数和年工资薪酬不低于行业平均水平；各类资产的折旧与摊销按照不同的使用年限计算，固定资产残值率为 5%；厂房的折旧年限按 30 年计算，折旧率为 3.21%；机器设备的折旧年限按 14 年计算，折旧率为 6.81%；无形资产按 10 年进行年摊销；生产与检测模具、递延费用按 5 年摊销。E 车型每年的经营成本是总成本费用减去折旧费、摊销费和利息支出后的余额。为了便于计算，将水电、燃料、员工薪酬等费用计入制造费用，不单独列示。E 车型 2016 年至 2023 年的经营成本见表 2-3。

表 2-3 E 车型 2016 年至 2023 年经营成本计算表　　　单位：万元

项目	2016 年	2017 年	2018 年	2019 年	2020 年	2021 年	2022 年	2023 年
1.生产成本	65 760	131 520	131 520	197 280	263 040	197 280	131 520	65 760
1.1 原材料	60 190	120 380	120 380	180 570	240 760	180 570	120 380	60 190
1.2 制造费用	5 570	11 140	11 140	16 710	22 280	16 710	11 140	5 570
2.财务费用	460	921	921	1 380	1 841	921	921	460
3.管理费用	2 427	2 427	2 427	2 474	2 450	1 694	1 671	1 671
4.销售费用	6 866	13 733	13 733	20 599	27 465	20 599	13 733	6 866
5.研发费用	2 888	5 776	5 776	8 664	11 552	8 664	5 776	2 888
6.总成本费用	78 401	154 377	154 377	230 397	306 348	229 158	133 621	77 645
7.折旧费	−540	−540	−540	−540	−540	−540	−540	−540
8.摊销费	−7314	−7 314	−7 314	−7 314	−7 314	−2 746	−1 493	−1 493
9.利息支出	−460	−921	−921	−1 381	−1 841	−921	−921	−460
10.经营成本	70 087	145 602	145 602	221 162	296 653	224 951	150 667	75 152

(5) 根据税法，销售新能源汽车及其关键零部件的企业增值税税率为13%，营业税税率为3%。另外，国家为鼓励新能源汽车技术研发，允许将研究开发费用全额从应纳税所得额中扣除。根据现行消费税规定，纯电动汽车、插电式混合动力汽车不纳入消费税征收范围，不征收消费税。城市维护建设税按以上三项税额合计的7%缴纳；教育费附加按以上三项税额合计的3%缴纳。

(6) 公司通过自筹资金完成新增建设投资资金中的70%，另外的30%通过长期借款来实现。在新增流动资金方面，70%计划依靠短期借款来解决，剩余的30%公司自己筹集。

(7) 折现率按新能源汽车行业平均的资本成本的18%计算。

(8) 从银行获得长期借款的年利率为9%，流动资金借款的年利率为5.58%。

(9) 公司适用的所得税税率为15%。

根据上述E车型产品销售收入、成本费用和各项税费的数据，编制本项目的利润表和现金流量表，见表2-4、2-5。

表2-4 利润表　　　　　　　　　　　单位：万元

项目	2016年	2017年	2018年	2019年	2020年	2021年	2022年	2023年
销售收入	90 000	180 000	180 000	270 000	360 000	270 000	180 000	90 000
销售税金及附加费	4 171	8 343	8 343	12 514	16 686	12 514	8 343	4 171
总成本费用	78 401	154 377	154 377	230 397	306 348	229 158	153 621	77 645
利润总额	7 428	17 280	17 280	27 089	36 966	28 328	18 036	8 184
所得税	1 114	2 228	2 228	3 343	4 457	3 343	2 228	1 661
税后利润	6 314	15 052	15 052	23 746	32 509	24 985	15 808	6 523

表2-5 现金流量表　　　　　　　　　　单位：亿元

项目	2015年	2016年	2017年	2018年	2019年	2020年	2021年	2022年	2023年
1.现金流入量		9.00	18.00	18.00	27.00	36.00	27.00	18.00	9.00
2.现金流出量	4.69	8.41	16.78	15.95	25.15	33.51	24.78	16.53	7.86
2.1 固定资产投资	4.69								
2.2 流动资金		0.87	0.92	0.09	0.96	1.01	0.09	0.09	0.05
2.3 经营成本		7.01	14.80	14.80	22.60	30.39	23.10	15.38	7.23
2.4 税金及附加		0.42	0.83	0.83	1.25	1.67	1.25	0.83	0.42
2.5 所得税		0.11	0.22	0.22	0.33	0.45	0.33	0.22	0.17
3.税前净现金流量	−4.69	0.70	1.45	2.27	2.19	2.93	2.56	1.69	1.31
4.税后净现金流量	−4.69	0.59	1.22	2.05	1.85	2.49	2.22	1.47	1.14

2.2 案例思考

在对项目的财务可行性进行判断时需要采用量化标准。运用投资项目可行性分析的静态和动态指标,对广汽集团新能源乘用车E车型项目的财务可行性进行判断。基于以上资料,请计算项目的静态投资回收期、投资收益率、净现值、现值指数、内部收益率,并进行分析评价。

2.3 案例提示

投资项目的评价指标可按照资金的时间价值、指标性质、指标重要性进行分类。

(1)按照是否考虑资金的时间价值,投资项目的评价指标分为静态指标和动态指标。静态指标包括投资收益率和投资回收期。静态指标在计算过程中不用考虑资金的时间价值;动态评价指标需要考虑资金的时间价值。

(2)按照指标性质,投资项目的评价指标分为正向指标和反向指标。在一个固定的范围内,数值越大表现越好的是正向指标,如净现值指标;反向指标则是数值越小越好,如静态投资回收期就属于这类指标。

(3)按照指标的重要性,投资项目的评价指标分为主要指标、次要指标和辅助指标。在本项目的决策分析中,主要指标为净现值和内部收益率,次要指标为静态投资回收期,辅助指标为投资收益率。

2.4 案例解析

2.4.1 知识点

1. 项目投资评价指标的类型

项目投资评价指标按照是否考虑资金的时间价值,可以划分为静态指标和动态指标,也就是贴现指标和非贴现指标两类。

贴现指标考虑了资金的时间价值,主要包括净现值、现值指数和内部收益率三个指标。非贴现指标没有考虑资金的时间价值,主要包括投资回收期和投资收益率指标。20世纪50年代以后,随着电子计算机的应用及贴现技术的日趋完善,贴现指标得到了广泛应用。非贴现指标未考虑资金的时间价值,将不同时点上的现金流量视为具有同等价值的资金量进行比较,夸大了远期现金流量的影响,可能导致错误的投资决策。贴现现金流量指标考虑了资金的时间价值,将不同时点上的现金流量的价值折算到同一时点上进行比较，使不同时点的现金流量可比，因而更加科学、合理。

1) 贴现指标

① 净现值。

净现值是指特定方案未来现金流入量的现值与未来现金流出量的现值之间的差额。净现值用 NPV 表示，计算公式如下：

$$\text{NPV} = \sum_{k=0}^{n} \frac{I_k}{(1+i)^k} - \sum_{k=0}^{n} \frac{O_k}{(1+i)^k}$$

式中，n——投资涉及的年限；

I_k——第 k 年的现金流入量；

O_k——第 k 年的现金流出量；

i——贴现率。

采用净现值法评估独立投资项目是否可取时，只要净现值大于 0，则说明该投资项目可行；反之，则不可行。净现值越大，表明投资项目的回报越高，反之则表示投资回报越低。对于多个互斥投资项目来说，要选择净现值最大的项目。

净现值考虑了资金的时间价值，且全面考虑了项目整个寿命期内的现金流量，能直接说明项目投资额与资金成本之间的关系，因此具有广泛的适用性。但是对于不同规模的独立投资项目，不便于比较投资项目的优劣，不能反映各投资项目的实际报酬率。

② 现值指数。

现值指数，也称获利指数，是投资项目未来现金流入量现值与现金流出量现值的比率。其计算公式如下：

$$\text{现值指数} = \frac{\sum_{k=0}^{n} \frac{I_k}{(1+i)^k}}{\sum_{k=0}^{n} \frac{O_k}{(1+i)^k}}$$

现值指数大于 1，表明项目的投资报酬率高于贴现率(资本成本)，存在额外收益；现值指数等于 1，表明项目的投资报酬率等于贴现率，收益只能抵补资本成本；现值指数小于 1，表明项目的投资报酬率小于贴现率，收益不能抵补资本成本。所以，对于单一方案的项目来说，现值指数大于或等于 1 是项目可行的必要条件。当有多个投资项目可供选择时，现值指数越大，企业的投资报酬水平就越高，所以应采用现值指数大于 1 中的最大者。

采用现值指数法可以进行独立投资机会获利能力的比较。现值指数可以看成是 1 元原始投资可望获得的现值净收益。因此，可以作为评价投资规模不同方案的决策指标。但是现值指数的概念不好理解。另外，选择不同的贴现率，各方案的优先次序会发生变化。

③ 内部收益率。

内部收益率，也称内含报酬率，是指能够使未来现金流入量现值等于未来现金流出量现值的贴现率，或者说是使投资方案净现值为零的贴现率。内部收益率用IRR表示，计算公式如下：

$$\sum_{k=0}^{n} \frac{I_k}{(1+r)^k} - \sum_{k=0}^{n} \frac{O_k}{(1+r)^k} = 0$$

式中，n——投资涉及的年限；

I_k——第k年的现金流入量；

O_k——第k年的现金流出量；

r——内部收益率。

净现值的计算是根据给定的贴现率求净现值，而内部收益率的计算是先令净现值等于零，然后求能使净现值等于零的贴现率。净现值不能揭示各个方案本身可以达到的实际报酬率，而内部收益率是投资项目本身的真实报酬率。内部收益率的计算方法如下。

A. 当经营期内各年现金净流量相等，且全部投资均于建设起点一次性投入，建设期为零时，内部收益率的计算步骤如下：

第一步，计算年金现值系数；

$$年金现值系数 = \frac{投资总额}{年现金净流量}$$

第二步，查年金现值系数表，确定内部收益率的范围；

第三步，用插值法计算内部收益率。

B. 当投资项目在经营期内各年现金净流量不相等，或投资额是在建设期内分次投入时，采取逐次测试的方法，计算能使净现值等于零的贴现率（内部收益率）。计算步骤如下：

第一步，先估计一个贴现率，用它来计算项目的净现值。如果净现值为正数，说明项目本身的内部收益率大于预计的贴现率，应提高贴现率做进一步测试；如果净现值为负数，说明项目本身的内部收益率小于预计的贴现率，应降低贴现率再进行测算。经过反复测试，找出使净现值由正到负，或由负到正，且接近于零的两个贴现率。

第二步，根据上述相邻的两个贴现率用插值法求出内部收益率。

内部收益率是根据项目的现金流量计算出来的，是项目本身的投资报酬率。它反映项目所占用资金的盈利率，是考察项目盈利能力的主要动态评价指标。采用内部收益率来评估独立投资项目时，需要将计算出来的内部收益率与公司的资本成本或所要求的最低投资报酬率相比较，用内部收益率评价项目可行的必要条件是：内部收益率大于或等于贴现率。如果项目的内部收益率大于资本成本，则该项目可行；反之则该项目不可行。采用内部收益率来评估多个互斥投资项目时，则选用内部收益率最大的项目。内部收益率考虑了资金的时间价值以及项目在整个寿命期内的经济状况，能够直接衡量项目真正的投资报酬率，但是它的计算过程比较复杂。

在财务管理和投资实务中，用传统的手工方法计算内部收益率，不仅工作量烦琐而且容易出错，利用 Excel 软件可以轻而易举地算出内部收益率。

2) 非贴现指标

非贴现指标主要有投资回收期和投资收益率两种。

① 投资回收期。

投资回收期是指投资项目产生的现金流入量累计到与投资额相等时所需要的时间，通常以年为单位。

投资回收期的计算方法有以下两种。

A. 如果原始投资一次性支出，且每年现金净流入量相等，则投资回收期可按下列公式计算：

$$投资回收期 = \frac{原始投资额}{每年现金净流入量}$$

B. 如果现金流入量每年不等或原始投资是分几年投入的，则投资回收期可按下列公式计算：

$$\sum_{t=0}^{n} NCF_t = 0$$

式中，n——投资回收期；

NCF_t——第 t 年的现金净流量。

投资回收期越短，项目的效益越好。如果有几个项目可供选择，应该选择投资回收期最短的项目。运用投资回收期判断投资项目是否可行的决策原则：事先确定一个行业基准的投资回收期，然后用投资方案回收期与之相比，只有当项目的投资回收期小于行业的基准投资回收期时，投资项目才是可以接受的。

投资回收期法计算简便、经济意义明确、直观，容易为决策人正确理解；在一定程度上反映了投资效果的优劣；可适用于各种规模的投资。但是由于它没有考虑资金的时间价值，因此无法正确地辨识项目的优劣。投资回收期没有考虑回收期之后的现金净流量对投资收益的贡献，即没有考虑投资方案的全部现金净流量，所以有较大的局限性。因此，它一般只适用于方案的初选，或者投资后各项目间经济效益的比较。

② 投资收益率。

投资收益率，也称平均投资报酬率，是指投资项目年均利润与原始投资总额的比率。计算公式为：

$$投资收益率=年均利润/原始投资总额$$

这种方法要求企业事先确定必要的平均投资报酬率，高于必要平均投资报酬率的方案是可行的方案，低于必要平均投资报酬率的方案则应拒绝；在多个互斥方案中应选择平均投资报酬率最高的方案。

平均投资报酬率的计算方法简明易懂，应用范围很广。平均投资报酬率由于考虑了投资方案整个寿命期内的现金流量，因此与投资回收期相比更为合理。但是，它没有考虑资金的时间价值，而是将不同期间的现金流量看作具有相同的价值，因此，在实际工作中单独使用平均投资报酬率进行决策的情况比较少见。

2.4.2 参考答案

(1) 静态投资回收期。

静态投资回收期可分为两种，一种是包括建设期的投资回收期，另一种是不包括建设期的投资回收期。

由现金流量表 2-5 可以得出更为直观的净现金流量计算表，见表 2-6。

表 2-6 净现金流量计算表　　　　　单位：亿元

项目	2015 年	2016 年	2017 年	2018 年	2019 年	2020 年	2021 年	2022 年	2023 年
税前净现金流量	-4.69	0.70	1.45	2.27	2.19	2.93	2.56	1.69	1.31
税前累计净现金流量	-4.69	-3.99	-2.54	-0.27	1.92	4.85	7.41	9.10	10.41
税后净现金流量	-4.69	0.59	1.22	2.05	1.85	2.49	2.22	1.47	1.14
税后累计净现金流量	-4.69	-4.10	-2.88	-0.83	1.02	3.51	5.73	7.20	8.34

根据表 2-6 和现金流入量每年不等时的计算公式，可以得出结果如下。

包括建设期在内，在缴纳所得税前 E 车型项目累计净现金流量到第 4 年，即 2018 年仍然是负数，累计净现金流量从第 5 年，即 2019 年开始才大于 0。

$$包括建设期的投资回收期(税前)=4+0.27/2.19=4.12(年)$$

$$包括建设期的投资回收期(税后)=4+0.83/1.85=4.45(年)$$

$$不包括建设期的投资回收期(税前)=4.12-1=3.12(年)$$

$$不包括建设期的投资回收期(税后)=4.45-1=3.45(年)$$

E 车型项目在经营期内大概只需 3.45 年(税后)即可将总投资成本全部收回。

静态投资回收期容易计算，反映直观。这个指标的缺点是没有考虑资金的时间价值和后续产生的现金流量。当 E 车型项目静态回收期小于或等于公司设定的基准回收期时，该项目是可行的。如果广汽集团公司设定的基准回收期多于3.45年，则该项目不可行。

(2)投资收益率。

根据利润表2-4中的数据计算如下。

年均利润(税后)=(6 314+15 052+15 052+23 746+32 509+24 985+15 808+6 523)/8

=17 499(万元)

投资收益率=17 499/46 900=37.31%

投资收益的范围虽然覆盖了回收期后的收益，但仍只适用于计算一般的投资项目，如果遇到初期投资额很小的项目，其分析结果就看不出有任何优势。这个指标的缺点也很明显，首先是它没能直接反映出资金的时间价值，而且它考虑的是净利润，忽略了当净利润与现金流量有较大差额的情况。如果广汽集团公司事先确定必要的投资收益率低于37.31%，则项目是可行的；反之，则应拒绝该项目。

(3)净现值。

按新能源汽车行业18%的折现率，依照现金流量表2-5中的数据计算如下。

所得税前净现值=(−4.69)×1+0.70×0.847+1.45×0.718+2.27×0.609+2.19×0.516+

2.93×0.437+2.56×0.370+1.69×0.314+1.31×0.266

=2.21(亿元)

所得税后净现值=(−4.69)×1+0.59×0.847+1.22×0.718+2.05×0.609+1.85×0.516+

2.49×0.437+2.22×0.370+1.47×0.314+1.14×0.266

=1.56(亿元)

只有净现值指标大于或者等于零的投资项目才具有财务可行性。从计算数据可知，E车型项目的净现值(所得税前)为2.21亿元、净现值(所得税后)为1.56亿元。因此，E车型项目具有财务可行性。

(4)现值指数。

E车型项目原始投资现值为4.69亿元，净现值(所得税前)为2.21亿元，净现值(所得税后)为1.56亿元。由现值指数计算公式很容易算出项目的现值指数。

现值指数=未来现金净流量现值/原始投资额现值

现值指数(所得税前)=(2.21+4.69)÷4.69=1.47

现值指数(所得税后)=(1.56+4.69)÷4.69=1.33

只有现值指数大于或者等于零的投资项目才具有财务可行性。因为E车型项目的现值指数税前和税后均大于1，经营期的现金流入量较大，所以该项目具有财务可行性。

(5) 内部收益率。

在求解内部收益率时，利用 Excel 软件中的"财务函数"计算，结果如下。

E 车型项目在所得税前内部收益率为 32%；

E 车型项目在所得税后内部收益率为 27%。

新能源汽车行业平均的资本成本为 18%，而 E 车型项目税前内部收益率为 32%、税后内部收益率为 27%，均高于新能源汽车行业平均的资本成本，因此 E 车型项目具有财务可行性。

2.5 案例小结

本案例参考传统车型的历史资料，根据产品寿命周期理论对 E 车型项目产品的产销量进行合理预测，同时对经营期成本、各项税费及附加等数据进行合理估算，计算出 E 车型项目的建设期和经营期的收入和支出，编制出 E 车型项目的利润表和现金流量表简表。利用这些数据，运用项目投资决策方法，分析计算出项目投资回收期和投资收益率。E 车型项目在经营期内大概只需 3.45 年(税后)即可将总投资成本全部收回，投资收益率为 31.12%。项目净现值税前和税后分别为 2.21 亿元、1.56 亿元，现值指数大于零；内部收益率税前和税后分别为 32% 和 27%。依照财务指标的评价标准，E 车型项目具有财务可行性。

第3章
格力电器企业价值评估

3.1 案例背景

3.1.1 格力电器经营概况

珠海格力电器股份有限公司(以下简称"格力电器"),成立于1989年12月,是一家以空调、冰箱、热水器等家用电器的生产经营为主的国有股份制企业,格力空调是中国空调业唯一的"世界名牌"产品。公司成立初期,主要依靠组装生产家用空调,现已发展成为全球最大的集研发、制造、生产、销售、售后服务和回收于一体的,具有完整产业链的专业化的,以生产空调为主、多元化经营为辅的工业集团。随着公司的不断发展壮大,格力电器制定了多元化战略布局,即纵向的产业链一体化(研发、生产、自建销售渠道、服务、回收)、横向的产品品类扩张(智能家居、小家电、冰箱、家用电力器具等),以及混合多元化发展(智能手机、机器人制造、新能源)的战略布局。该公司的产业逐渐覆盖空调、高端装备、生活品类和通信设备等领域,产品远销160多个国家和地区。多年来格力电器始终如一地秉持着"独立自主,创造新产品"的经营理念,重视核心技术的投入研发,加强售后服务体系的不断完善。

纵观格力电器的发展史,可以将其归纳为四个发展阶段:1991—2000年,创建空调精品品牌的专业化阶段,打造空调行业领军地位;2001—2008年,深耕核心技术研发阶段,研发空调系列产品,做大做强,于2005年实现家用空调销售量全球第一的业绩;2009—2011年,深化纵向产业链布局阶段,强化核心技术研发,降低产品制造成本,完善从原材料生产到废弃物回收的生态产业链建设;2012年至今,以空调专业化为主加快推进产业布局转型升级阶段。2013年起,陆续进入智能装备、通信设备、模具等领域,从专业的空调生产企业迈入多元化高端技术产业时代。目前格力电器拥有国家重点实验室、国家工程技术研究中心、国家级工业设计中心、国家认定企业技术中心、机器人工程技术研发中心各1个,同时成为国家通报咨询中心研究评议基地。

从格力电器的发展过程可以看出,公司的战略性决策给企业带来了价值的变化。

格力电器制定的一系列多元化的布局策略，给公司带来多少价值增值？是否有利于实现企业价值最大化的经营目标？这些问题是格力电器投资者普遍关注的问题，同时也是我们本部分需要学习的内容。

为了更好地了解格力电器的经营整体状况，预测该公司未来的发展战略格局，有必要全方位掌握与该公司相联系的合作单位的情况。图 3-1 是 2018 年与格力电器有关联的公司关系网图。

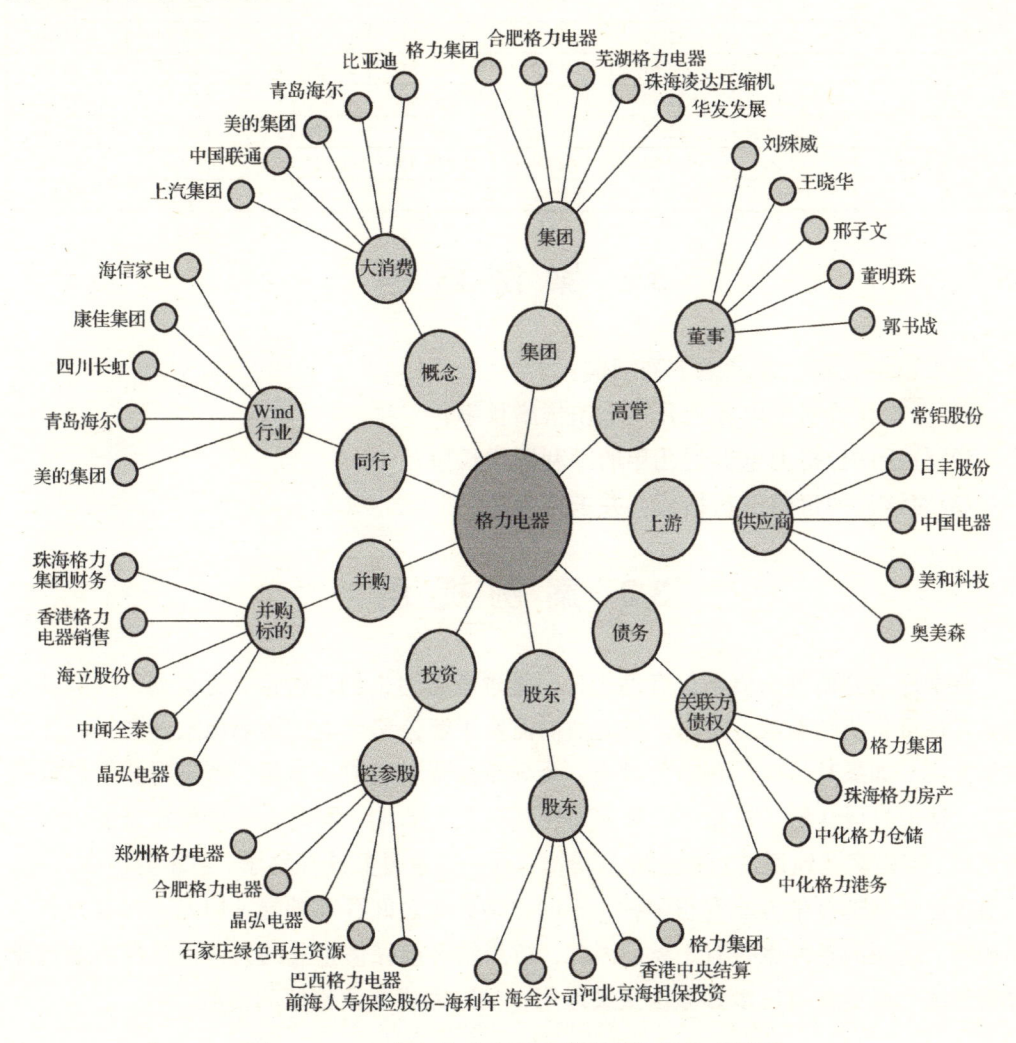

图 3-1　2018 年与格力电器有关联的公司关系网图

3.1.2　案例资料

本案例从 wind 数据库中将 2012—2018 年格力电器相关的财务指标数据进行了摘录，以便更好地预测格力电器的相关财务状况、估算格力电器的企业价值。该公司具体的相关财务资料见表 3-1。

表 3-1 2012—2018 年格力电器相关财务指标数据   单位：亿元

项　目	2012 年	2013 年	2014 年	2015 年	2016 年	2017 年	2018 年
营业收入	993.16	1 186.28	1 377.50	977.45	1 083.03	1 482.86	1 981.23
营业成本	732.03	803.86	880.22	660.17	728.86	995.63	1 382.34
税金及附加	5.90	9.56	13.62	7.52	14.30	15.13	17.42
管理费用	40.56	50.90	48.18	50.49	54.89	60.71	43.66
销售费用	146.26	225.09	288.90	155.06	164.77	166.60	189.00
所得税	13.17	19.56	24.99	22.86	30.07	41.09	48.94
折旧摊销	9.78	12.30	13.57	13.18	18.17	20.33	31.10
资本性支出	36.02	24.61	17.77	28.85	32.77	24.25	38.38
流动资产合计	850.88	1 037.33	1 201.43	1 209.49	1 429.11	1 715.35	1 997.11
货币资金	289.44	385.42	545.46	888.20	956.13	996.10	1 130.79
无息流动负债	727.96	922.51	1 027.48	1 039.45	1 161.75	1 288.45	1 356.18
所得税率	15%	15%	15%	15%	15%	15%	15%

3.2　案例思考

基于以上资料，请考虑下列问题：
(1) 分析评价格力电器近几年的销售增长率；
(2) 分析评价格力电器近几年的净利润增长率；
(3) 对该公司价值进行估值，并进行分析。

3.3　案例提示

科学评估公司的价值不仅有助于公司管理者努力去创造价值，更有利于投资者找到具有投资价值的对象。公司价值的估值需要了解公司价值的影响因素并选择合适的估值方法。如果对目标企业估价过高，会导致投资者的成本过高，严重时会引起投资失败；估价过低会给目标企业带来不可预测的负面影响，同时也可能使投资者错失投资良机。准确客观地评估目标企业的价值，重中之重是要选择科学、适用的评估方法。目前企业价值的评估方法有很多种，不同评估方法之间存在差异，切入点和着力点各不相同，适用的条件也各有千秋。因此，应当结合被评估企业的具体情况恰当地选择评估方法，必要时可以多种方法交叉运用，共同完成企业价值的估值。

3.4　案例解析

3.4.1　知识点

企业价值评估使用的模型通常称为定价模型，其功能是把预测数据输入模型从而转换输出企业价值。在实务中存在大量的估值模型，其繁简程度不同，大体上可以分为三种类型：现金流量折现模型、相对估值模型和经济利润模型。

1. 现金流量折现模型

现金流量折现模型(Discounted Cash Flow Method，DCF)以增量现金流量原则和时间价值原则为基本观点，即根据现金流量的风险特性确定出恰当的折现率，将企业产生的未来现金流量折算的现值作为企业的内在价值的。现金流量折现法是用贴现现金流量来确定企业价值的，是目前最成熟、应用最为广泛的估值方法。

1) 企业价值的估值模型

在实务中，因为常常假设企业是持续经营发展的，因此，在计算公司价值时常常分为两个阶段。第一个阶段为有限期的可预测阶段，即根据历史数据的变化趋势预测未来 5～10 年的经营数据；第二个阶段为可预测阶段之后的永续经营阶段，假设企业在可预测阶段后保持均衡的永续发展状态。因此，在实务预测企业价值时经常采用下面的两个公式。

预测期模型公式：

$$企业价值 = \sum_{t=1}^{n} \frac{企业自由现金流量}{(1+加权平均资本成本)^t}$$

永续期模型公式：

$$企业价值 = \frac{永续期第一年的现金流量}{加权平均资本成本 - 永续增长率}$$

式中，n——企业经营的年限；

t——预测期内某一年度。

首先，确定企业自由现金流量。企业自由现金流量常用的计算公式为：

企业自由现金流量(FCFF) = 净营业利润(NOPAT) + 折旧与摊销费用(DA) - 资本性支出(CAPEX) - 净营运资本的增量(△NWC)

其中：

净营业利润 = 息税前利润 × (1 - 所得税率)

息税前利润 = 净利润 + 所得税 + 利息

资本性支出 = 长期投资增加 + 固定资产支出 + 其他长期资产的增加 - 无息负债的增加

= 净经营长期资产增加 + 折旧与摊销费用

= 购建固定资产和其他支付的现金流量 -

处置固定资产及无形资产的现金流量

净营运资本 = 流动资产 - 流动负债

= 流动资产 - 货币现金 - 无息流动负债

2) 折现率的确定

折现率反映了企业投资者要求的报酬率，我们将其作为现金流量折现法的折现因子。企业的投资者可以分为股权投资者和债权投资者，因此投资者的报酬率也是两类投资者报酬率的综合要求。当企业采用多种方式筹集资本时，为了进行筹资决策，需要计算加权平均资本成本（WACC），也称综合资本成本。计算公式为：

$$\text{WACC} = \frac{E}{(D+E)} r_e + \frac{D}{(D+E)} r_d (1-T) = (1-L) r_e + L r_d (1-T)$$

式中，r_e——权益资本成本；

r_d——债务资本成本；

D——债务资本；

E——权益资本；

T——所得税税率。

选择权重的计量方式是测算综合资本成本时需要关注的一个问题。资本成本权重一般有三种计量方式：账面价值、市场价值和目标价值。①账面价值计量是基于公司提供的财务报告数据计算得到的不同种类资本所占的比重。这种方法的优点是计算简单；缺点是账面价值可能与市场价值不相符。②市场价值计量是基于市场价值计算得到的不同种类资本所占的比重。这种方法的优点是各种资本的比重能够反映公司现实的综合资本成本；缺点是市场价值经常处于变动之中不易选定，在实务中通常采用一定时期的平均市场价值来替换。③目标价值计量是基于公司预计的未来目标市场价值计算得到的不同种类资本所占的比重。这种方法的优点是能够体现公司未来预期的目标资本结构，缺点是在实务中目标价值难以客观地确定。

债务资本成本可以由 wind 数据库中的利息支出/有息债务数据计算得到。

权益资本成本的计算一般采用资本资产定价模型得到。其中，无风险收益率一般采用各年度年初的一年期国债收益率；β 系数采用 wind 数据库中行业内各上市公司近 5 年的平均 β 系数；股票市场总体收益率的确定比较复杂，根据相关学者的实证研究结果，我国资本市场的预期市场合理回报率为 10%～13%，再结合沪深 300 指数平均收益率作为参考，最后确定合理的市场收益率。

3) 举例说明现金流量折现模型的具体运用

现金流量折现模型以企业现金流量数据为基础，具有客观真实性，同时该方法还考虑了企业发展前景与成长能力；但对未来现金流量、资本成本及经营期限的预测具有不确定性，可能会影响公司价值估值的准确程度。下面我们以中医药行业 ZJT 上市公司 2017 年年末公司价值估值为例说明现金流量折现模型的具体运用。

第一步，运用前述公式计算 2012—2017 年各指标的增长率。各指标的数据可以从 wind 数据库中直接取得或经计算后取得，在此基础上，计算各指标逐年的增长率。

第二步，预测未来期间各指标的数据。以各指标 2012—2017 年的平均增长率或者 2016—2017 年的平均增长率作为 2018 年后的各指标的增长率，计算 2018—2023 年各年相关指标的数值，从而得到税后净营业利润（NOPAT），具体见表 3-2。

表 3-2　2018—2023 年 NOPAT 计算值　　　　单位：亿元

项目	2018 年	2019 年	2020 年	2021 年	2022 年	2023 年
营业收入	44.08	50.64	58.18	66.84	76.79	88.22
减：营业成本	15.72	18.06	20.74	23.83	27.38	31.45
减：营业税金及附加	0.72	0.83	0.95	1.09	1.25	1.44
管理费用	2.92	3.35	3.85	4.42	5.08	5.84
销售费用	14.88	17.10	19.65	22.57	25.93	29.79
乘：1-所得税率	85%	85%	85%	85%	85%	85%
NOPAT	8.34	9.58	11.01	12.64	14.53	16.69

第三步，计算预测期间各年的企业自由现金流量（FCFF），具体见表 3-3。

表 3-3　2018—2023 年 FCFF　　　　单位：亿元

项目	2018 年	2019 年	2020 年	2021 年	2022 年	2023 年
NOPAT	8.34	9.58	11.01	12.64	14.53	16.69
加：折旧与摊销费用	1.41	1.62	1.86	2.14	2.46	2.82
减：资本性支出	1.31	1.50	1.73	1.99	2.28	2.62
运营资本变化值	2.41	2.41	2.41	2.41	2.41	2.41
FCFF	6.03	7.29	8.73	10.39	12.30	14.48

第四步，计算 2023 年开始的永续期的价值。

企业价值估值采用两阶段模型估值，2018—2022 年为第一阶段即预测阶段，2023 年开始为第二阶段即永续期阶段。假设 WACC 取值为 11.05%，永续增长率为 4.5%。

根据永续期模型公式计算，ZJT 公司永续期的企业价值即 2023 年年初（2022 年年末）的价值为：

$$企业价值=\frac{永续期第一年的现金流量}{加权平均成本-永续增长率}=14.48/(11.05\%-4.5\%)=221.07（亿元）$$

第五步，计算 ZJT 公司 2017 年年末的价值。各年的折现值见表 3-4。

表 3-4　2018—2023 年 FCFF 折现值

项目	2018 年	2019 年	2020 年	2021 年	2022 年	2023 年
折现年限（年）	1	2	3	4	5	5
WACC(%)	11.05	11.05	11.05	11.05	11.05	11.05
FCFF 值及永续期企业价值（亿元）	6.03	7.29	8.73	10.39	12.30	221.07
FCFF 折现值（亿元）	5.43	5.91	6.38	6.83	7.28	130.93

资料来源：根据《EVA 估值法与 DCF 估值法比较分析》修订整理。

需要特别注意的是，表中 2018—2022 年为各年年末发生的 FCFF，而 2023 年永续期折现到该年初的价值，也即 2022 年年末的价值；因此在计算 2017 年年末折现值时 2023 年对应的 221.07 亿元的折现期应为 5 年。则 ZJT 公司 2017 年年末的价值为：

2017 年年末的价值=5.43+5.91+6.38+6.83+7.28+130.93=162.31（亿元）

2. 相对价值模型

前面的现金流量折现法虽然是一种比较成熟的方法，但实务操作过程却极其烦琐，计算工作量比较大，下面介绍一种比较简单却非常实用的估值方法，即相对价值模型（Relative Value Method），又称乘数估值法。根据摩根士丹利 1999 年公布的研究报告显示，在成熟的证券市场中，超过 50%的证券分析师会采用相对价值模型对公司价值进行估值。相对价值模型是先找到目标公司的可比公司，计算可比公司的基本财务比率，然后通过财务比率数值评估目标公司的价值。常用的模型有市盈率、市销率和市净率等比率模型，各种模型的优缺点及适用范围见表 3-5。

表 3-5 市场上各模型比较

项目	市盈率模型（PE）	市销率模型（PS）	市净率模型（PBV）
定义	PE=每股市场价格/每股收益	PS=股权市场价值/销售收入	PBV=股票市场价值/股权账面价值
企业价值	企业价值=净利润×参照企业平均市盈率	企业价值=企业的销售收入×参照企业平均价格销售比	企业价值=企业股权账面价值×参照企业平均市净率
优缺点	1.直观反映企业产出与投入的联系； 2.考虑风险补偿率以及股利支付率等因素对价值评估的影响； 3.收益为负数，即不适用	1.对于价格变化敏感； 2.数据不易被操作； 3.没有考虑成本因素	1.账面数据稳定，不易被操作； 2.数据易取得且容易理解； 3.受行业影响严重
适用范围	连续盈利的企业	销售成本率较低或销售成本率趋于一致的企业	拥有大量资产且净资产为正值的企业

在各种计算公司价值的模型中，以市盈率模型为代表。下面以目标公司的收益和市盈率确定其价值为例进行说明，具体步骤如下。

第一步，分析、选择目标公司的估值收益指标。估值收益指标可选用以下两种之一：①采用目标公司最近一年的净利润；②采用最近三年净利润的平均值。但应注意的是，对目标公司历史利润的选用，需要考虑下列影响因素并适当调整：一是，目标公司是否滥用会计政策影响利润；二是，是否存在非常项目和特殊业务而影响利润；三是，是否存在不合理的关联交易而影响利润。

第二步，明确标准市盈率。通常选择与目标公司具有可比性的公司的市盈率或目标公司所处行业的平均市盈率。

第三步，计算目标公司的价值。利用选择的估价收益指标和标准市盈率计算出目标公司的价值。其公式如下：

目标公司的价值=估值收益指标×标准市盈率

相对价值模型的优点在于计算简单、便于理解且运用灵活；此外，市盈率反映的是未来盈余状况，更多地考虑了目标公司未来的发展状况。但该方法的缺点也显而易见，就是如何找到具有可比性的公司的市盈率，因为目标公司和参照的可比公司所面临的风险和不确定性往往不尽相同，因而找到相同或者类似的可比公司难度也较大。

例：以格力电器 2018 年年底的价值估值为例，采用市盈率模型对格力电器的价值进行估值。wind 数据库中家电行业近 5 年的市盈率（P/E）见表 3-6，2018 年格力电器实现净利润为 263.79 亿元，则 2018 年年末格力电器的价值为：263.79 × 18.54=4 890.67 亿元。

表 3-6　家电行业 2014—2018 年的平均市盈率数值表

年份	2014 年	2015 年	2016 年	2017 年	2018 年	近 5 年平均值
P/E 值（%）	15.1	22.31	20.88	21.82	12.57	18.54

可见，利用相对价值模型计算上市公司价值非常简单，但估值的准确性相对较差。比如该例中的市盈率采用的是家电行业近 5 年的平均市盈率，但如果能找到与格力电器的规模、经营范围更相近的公司的市盈率，则会提高估值的准确性。此外，证券市场的有效性对估值也会产生较大的影响。

3. 经济利润模型

经济利润模型（Economic Value Added Method，EVA）与传统企业估值最大的区别在于考虑了企业投入资本的机会成本。EVA 是从资本提供者的角度出发，只有当企业在一定期间所获得的净收益高于资本的社会平均收益时，资本才能保值增值。因此，EVA 衡量的是企业增值价值，即企业经济增加值等于税后经营净利润扣除全部资本成本后的经济价值增值，其基本计算公式如下：

EVA=税后经营净利润-资本总额×加权平均资本成本

其中：

税后经营净利润=净利润+少数股东损益+研发费用+利息支出+营业外支出-
　　　　　　　营业外收入+资产减值准备的增加+递延所得税负债增加-
　　　　　　　递延所得税资产减少-EVA 税收调整

EVA 税收调整=所得税税率×(研发费用+利息支出+营业外支出-营业外收入+
　　　　　　　资产减值准备+递延所得税负债增加-递延所得税资产减少)

资本总额=债务资本+股权资本

股权资本=普通股东权益+少数股东权益+研发费用+各项准备的贷方余额+
　　　　　递延所得税负债-递延所得税资产+商誉的减值部分-
　　　　　在建工程-货币资金

债务资本是指有息债务，即债务总额中扣除不需要支付利息的负债。

债务资本=负债总额-无息流动负债

加权平均资本成本，即综合资本成本，具体见上述现金流量折现模型中折现率确定的内容。

其他项目均可从公司提供的财务报告中获取相应的数据。由于其计算过程过于复杂，计算量过大，限于篇幅原因，在此不再单独举例说明。

经济利润模型更注重公司真实价值的增值。优点是采用该方法估值使得公司管理层在关注经营利润时既要扣除债务利息，也要扣除股东投入资金的成本，剩下的才是所谓的资本利润，因此能够对企业真实经营状况及成果进行反映，从而对公司进行合理的价值估值。缺点是计算过程比较繁杂，尤其是涉及繁多的调整项目。

3.4.2 参考答案

根据现金流量折现模型的步骤，需要计算出 FCFF 和折现率，分别计算如下。

（1）计算净营业利润（NOPAT），具体见表 3-7。

表 3-7 2012—2018 年净营业利润（NOPAT）相关指标历史数据及占收入比

项目	2012年	2013年	2014年	2015年	2016年	2017年	2018年	近6年平均值	近2年平均值
营业收入(亿元)	993.16	1 186.28	1 377.50	977.45	1 083.03	1 482.86	1 981.23		
增长率(%)		19.44	16.12	−29.04	10.80	36.92	33.61	14.64	35.26
复合年增长率(%)		10.75	10.75	10.75	10.75	10.75	10.75	10.75	10.75
营业成本(亿元)	732.03	803.86	880.22	660.17	728.86	995.63	1 382.34		
占收入比重(%)	73.71	67.76	63.90	67.54	67.30	67.14	69.77	67.24	68.46
税金及附加(亿元)	5.90	9.56	13.62	7.52	14.30	15.13	17.42		
占收入比重(%)	0.59	0.81	0.99	0.77	1.32	1.02	0.88	0.96	0.95
管理费用(亿元)	40.56	50.90	48.18	50.49	54.89	60.71	43.66		
占收入比重(%)	4.08	4.29	3.50	5.17	5.07	4.09	2.20	4.05	3.15
销售费用(亿元)	146.26	225.09	288.90	155.06	164.77	166.60	189.00		
占收入比重(%)	14.73	18.97	20.97	15.86	15.21	11.24	9.54	15.30	10.39
所得税(亿元)	13.17	19.56	24.99	22.86	30.07	41.09	48.94		
增长率(%)		48.56	27.77	−8.55	31.54	36.65	19.13	25.85	27.89

（2）预测未来期间各年净营业利润（NOPAT），具体见表 3-8。

由表 3-7 可知各指标近 6 年平均值和近 2 年平均值，各指标变化幅度和稳定性不同，综合考虑后，本案例预测各指标的未来值时采用的变化率见表 3-8。

表 3-8 2019—2024 年净营业利润(NOPAT)相关指标预测

项目	近2年平均值	假设值	2019年	2020年	2021年	2022年	2023年	2024年
营业收入(亿元)			2 575.60	3 348.28	4 352.77	5 658.60	7 356.17	9 563.03
增长率(%)	35.26	30.00	30.00	30.00	30.00	30.00	30.00	30.00
营业成本(亿元)			1 751.41	2 276.83	2 959.88	3 847.85	5 002.20	6 502.86
占收入比重(%)	67.24	68.00	68.00	68.00	68.00	68.00	68.00	68.00
税金及附加(亿元)			25.76	33.48	43.53	56.59	73.56	95.63
占收入比重(%)	0.96	1.00	1.00	1.00	1.00	1.00	1.00	1.00
管理费用(亿元)			103.02	133.93	174.11	226.34	294.25	382.52
占收入比重(%)	4.05	4.00	4.00	4.00	4.00	4.00	4.00	4.00
销售费用(亿元)			309.07	401.79	522.33	679.03	882.74	1 147.56
占收入比重(%)	15.30	12.00	12.00	12.00	12.00	12.00	12.00	12.00
所得税(亿元)			48.94	58.73	70.48	84.58	101.49	121.79	146.15
占收入比重(%)	25.85	20.00	20.00	20.00	20.00	20.00	20.00	20.00

(3) 计算折旧摊销指标及占收入比,具体见表 3-9。

表 3-9 2012—2018 年折旧摊销历史数据及占收入比

项目	2012年	2013年	2014年	2015年	2016年	2017年	2018年	近6年平均值	近2年平均值
折旧摊销(亿元)	9.78	12.30	13.57	13.18	18.17	20.33	31.10		
占收入比(%)	0.99	1.04	0.99	1.35	1.68	1.37	1.57	1.28	1.47

(4) 预测未来期间折旧摊销指标的数值,具体见表 3-10。

由表 3-9 可知,近 6 年该指标的平均值为 1.28%,近 2 年该指标的平均值为 1.47%,综合考虑,本案例将该指标占收入比确定为 1.40%,以此确定未来预测值。

表 3-10 2019—2024 年折旧摊销指标预测

项目	近2年平均值	假设值	2019年	2020年	2021年	2022年	2023年	2024年
折旧摊销(亿元)			36.06	46.88	60.94	79.22	102.99	133.88
占收入比(%)	1.40	1.40	1.40	1.40	1.40	1.40	1.40	1.40

(5) 计算资本性支出指标及占收入比,具体见表 3-11。

表 3-11 2012—2018 年资本性支出历史数据及占收入比

项目	2012年	2013年	2014年	2015年	2016年	2017年	2018年	近6年平均值	近2年平均值
资本性支出(亿元)	36.02	24.61	17.77	28.85	32.77	24.25	38.38		
占收入比(%)	3.63	2.07	1.29	2.95	3.03	1.64	1.94	2.36	1.79

(6) 预测未来期间资本性支出指标的数值,具体见表 3-12。

由表 3-11 可知，近 6 年该指标的平均值为 2.36%，近 2 年该指标的平均值为 1.79%，综合考虑，本案例将该指标占收入比确定为 1.80%，以此确定未来预测值。

表 3-12　2019—2024 年资本性支出指标预测

项目	近 2 年平均值	假设值	2019 年	2020 年	2021 年	2022 年	2023 年	2024 年
资本性支出(亿元)			46.36	60.27	78.35	101.85	132.41	172.13
占收入比(%)	1.80	1.80	1.80	1.80	1.80	1.80	1.80	1.80

(7) 计算净营运资本变化值指标，具体见表 3-13。

表 3-13　2012—2018 年净营运资本变化值相关指标历史数据　　单位：亿元

项目	2012 年	2013 年	2014 年	2015 年	2016 年	2017 年	2018 年	近 6 年平均值	近 2 年平均值
流动资产合计	850.88	1 037.33	1 201.43	1 209.49	1 429.11	1 715.35	1 997.11		
货币资金	289.44	385.42	545.46	888.20	956.13	996.10	1 130.79		
无息流动负债	727.96	922.51	1 027.48	1 039.45	1 161.75	1 288.45	1 356.18		
净营运资本	−166.52	−270.60	−371.50	−718.15	−688.78	−569.20	−489.86		
净营运资本变化值		−104.08	−100.90	−346.65	29.38	119.57	79.34	−53.89	99.46

(8) 预测未来期间净营运资本变化值指标的数值，具体见表 3-14。

由表 3-13 可知，净运营资本变化值在持续期间变化较大，因此本文综合考虑了近 6 年和近 2 年净运营资本变化值的平均值，最终确定以 50 亿元作为未来年度变化值进行预测。

表 3-14　2019—2024 年净营运资本变化值指标预测　　单位：亿元

项目	近 2 年平均值	假设值	2019 年	2020 年	2021 年	2022 年	2023 年	2024 年
净营运资本变化值	99.46	50.00	129.34	179.34	229.34	279.34	329.34	379.34

(9) 计算未来期间净营业利润指标的数值，具体见表 3-15。

表 3-15　2019—2024 年净营业利润相关指标数据

项目	2019 年	2020 年	2021 年	2022 年	2023 年	2024 年
营业收入(亿元)	2 575.60	3 348.28	4 352.77	5 658.60	7 356.17	9 563.03
减：营业成本(亿元)	1 751.41	2 276.83	2 959.88	3 847.85	5 002.20	6 502.86
税金及附加(亿元)	25.76	33.48	43.53	56.59	73.56	95.63
管理费用(亿元)	103.02	133.93	174.11	226.34	294.25	382.52
销售费用(亿元)	309.07	401.79	522.33	679.03	882.74	1 147.56
乘：1−所得税税率(%)	85	85	85	85	85	85
NOPAT(亿元)	328.39	426.91	554.98	721.47	937.91	1 219.29

(10) 计算未来期间自由现金流量指标的数值，具体见表 3-16。

根据表 3-16、3-10、3-12 和 3-14 计算未来 6 年各年的自由现金流量指标的数值。

表 3-16　2019—2024 年自由现金流量(FCFF)计算值　　单位：亿元

项目	2019 年	2020 年	2021 年	2022 年	2023 年	2024 年
NOPAT	328.39	426.91	554.98	721.47	937.91	1 219.29
加：折旧与摊销费用	36.06	46.88	60.94	79.22	102.99	133.88
减：资本性支出	46.36	60.27	78.35	101.85	132.41	172.13
运营资本变化值	129.34	179.34	229.34	279.34	329.34	379.34
FCFF	188.75	234.17	308.23	419.50	579.15	801.69

(11)确定未来期间折现率。

公司资本结构一般都保持一定的水平，因此根据历史水平假定格力电器的资产负债率保持在 70%；根据格力电器利息费用与有息债务金额的计算，得出借款利率约为 7%，根据资本资产定价模型预测股权资本利率 13%；则根据公式计算得出综合资本成本为：

$$WACC = 30\% \times 7\% \times (1-25\%) + 70\% \times 13\% = 10.67\%$$

(12)计算未来期间自由现金流量现值的数值，具体见表 3-17。

根据表 3-16 中的 FCFF 数值以及确定的折现率计算公司的折现值。企业价值估值采用两阶段模型估值，2019—2023 年为第一阶段即预测期阶段，2024 年开始为第二阶段即永续期阶段。假定格力电器自 2024 年开始保持永续增长，则第二阶段 2024 年年初该公司的价值估值为：801.69/10.67%=7 513.50 亿元。第一阶段 2019—2023 年各年的折现值见表 3-17。

表 3-17　2019—2024 年 FCFF 折现值

项目	2019 年	2020 年	2021 年	2022 年	2023 年	2024 年
折现年限(年)	1	2	3	4	5	5
WACC(%)	10.67	10.67	10.67	10.67	10.67	10.67
FCFF 值及永续期价值(亿元)	188.75	234.17	308.23	419.50	579.15	7 513.50
FCFF 折现值(亿元)	170.55	191.19	227.39	279.65	348.85	4 525.79

需要特别注意的是，表中 2019—2023 年为各年末发生的 FCFF，而 2023 年开始永续期折现值为 2024 年年初的价值，即 2023 年年末的价值；因此在计算 2019 年年初折现值时，2024 年年初对应的 7 513.50 亿元的折现期应为 5 年，即 4 525.79。

则格力电器 2018 年年末的价值为：

2018 年年末的价值=170.55+191.19+227.39+279.65+348.85+4 525.79=5 743.42(亿元)

3.5 案例小结

本案例主要采用现金流量折现模型对公司的价值进行估值。分析思路主要以历史数据的变化趋势和变化规律为基础，对公司未来各相关指标的数值进行预测，并且假设公司是持续经营且未来某一时点后公司将保持稳定不变的经营状态。通过资本资产定价模型计算出股权资本的成本，以及利用利息费用和有息债务计算出债务资本的成本，并利用公司都将长期保持一个合理的资本结构特征，作为债务资本和权益资本的比重，从而计算出综合资本成本作为折现率，最终分阶段计算公司的价值。

第二部分　案例训练篇

第4章　蒙牛、碧桂园的对赌协议
第5章　华能国际高派现股利政策
第6章　碧水源企业价值评估

第4章

蒙牛、碧桂园的对赌协议

4.1 案例背景资料

4.1.1 蒙牛乳业与摩根士丹利等签订对赌协议

随着国民经济的增长以及城市化进程的推进，中国乳制品消费总量和人均消费水平迅猛增长。虽然我国城乡居民的收入和消费水平存在差异，城镇居民占据乳制品消费的主要市场，但随着城乡居民收入水平的提升，城乡居民已成为乳品业潜在的新兴消费群体。广阔的发展前景和巨大的潜在市场促使大量中小企业涌入乳品业，行业竞争随之加剧，饲养成本、人工成本不断攀升，奶源争夺激烈。为了抢占市场，不少企业开始采取低价促销等措施，导致行业毛利率下降，竞争日益加剧。

原为伊利集团创始团队成员的牛根生于1999年离开伊利集团，同年1月，创立了"蒙牛乳业有限公司"，公司注册资本100万元，后更名为"内蒙古蒙牛乳业股份有限公司"（以下简称"蒙牛乳业"）。创立之初的蒙牛乳业由于资金积累较少，银行贷款困难，业绩规模小，行业发展未形成规模等原因，融资的渠道仅为发起人向合作伙伴甚至亲属借贷，公司经营困难时，发起人不惜出售原始股作为融资方式以解决资金短缺的燃眉之急。随着公司的发展壮大，市场占有额不断增加。2001年，蒙牛乳业实现8.5亿元的销售业绩，在内蒙古范围内仅次于伊利集团，实现了"创建内蒙古乳业第二品牌"的战略目标。蒙牛乳业清楚地认识到，为保证在竞争中处于不败地位，自身必须加快发展步伐，寻求企业扩张，推动产业结构优化升级。随着蒙牛乳业由初创期逐渐过渡到成长期，伴随高速发展的融资需求逐步加大，迫切需要寻找新的融资方式。

2001年年底，摩根士丹利、鼎晖及英联投资三家国际投资机构开始与蒙牛乳业接触。2002年6月，摩根士丹利等机构投资者在开曼群岛注册了开曼公司。2002年9月，蒙牛乳业发起人在英属维尔京群岛注册成立了金牛公司。同日，蒙牛乳业的投资人、业务联系人和员工注册成立了银牛公司。金牛公司和银牛公司各以1美元的价格收购了开曼公司50%的股权，其后设立了开曼公司的全资子公司——毛里求斯公司。2002 年 10 月，摩根士丹利等三家国际投资机构以认股方式向开曼公司注入约 2 597 万美元（折合人民币约 2.1 亿元），取得该公司 90.6%的股权和 49%的投票权，所投资金经毛里求斯公司最终换取了大陆蒙牛乳业 66.7%的股权，蒙牛乳业也成了合资企业。

1. 对赌协议内容简介

1）第一份对赌协议

2003 年，摩根士丹利等投资机构与蒙牛乳业签署了类似于国内证券市场可转债的"可换股文据"，未来换股价格仅为 0.74 港元/股。摩根士丹利等通过"可换股文据"向蒙牛乳业注资 3 523 万美元，折合人民币 2.9 亿元。"可换股文据"实际上是股票的看涨期权。不过，这种期权价值的高低最终取决于蒙牛乳业未来的业绩。如果蒙牛乳业未来业绩好，"可换股文据"的高期权价值就可以兑现；反之，则成为废纸一张。

在这轮融资中，蒙牛乳业将资金等额分成 A、B 两种股份，A 类股每股行使十票投票权，B 类股每股依然为一票投票权。摩根士丹利、鼎晖及英联投资三家投资公司以约 2 597 万美元的价格分别持有 32 685 股、10 372 股和 5 923 股 B 类股股票，共持有蒙牛 B 类股票 48 980 股，占持股比例的 90.6%；蒙牛乳业自持 5 102 股 A 类股，占持股比例的 9.4%。

协议规定，若蒙牛乳业在第一年内按照规定完成年增长率 50%的承诺，投资方将允许蒙牛乳业股东持有 A 类股，并将 A 类股以一拆十的比例进行无偿的转换，转换为 B 类股；若蒙牛乳业在第一年中未按要求完成承诺，不仅 A 类股无法顺利转换为 B 类股，蒙牛乳业管理层也将失去蒙牛乳业的绝对控制权。

2）第二份对赌协议

2003 年，蒙牛乳业与摩根士丹利等投资方签署第二份对赌协议。投资方认购蒙牛乳业的可转换债券，并约定从 2003 年起，在未来的三年内，若蒙牛乳业的税后复合年增长率高于 50%，投资方将返还蒙牛乳业管理层最多不超过 7 830 万股的蒙牛乳业股票；若蒙牛乳业未达到约定的增长率，蒙牛乳业管理层需支付投资方 7 830 万股股票，或者等值的现金。

2. 协议实施结果

1）第一份对赌协议结果

数据显示，2002 财年蒙牛乳业的销售收入为 16.68 亿元，2003 财年销售收入为 40.175 亿元，年增长率约为 144%；2002 财年税后利润为 7 786 万元，2003 财年税后利润为 2.323 3 亿元，年增长率约为 194%。蒙牛乳业成功完成了对赌协议要求，并成功将 A、B 两类股票进行转化，股权也由 2002 年签订协议之初的 9.4%增至 51%，成功夺回公司控制权。自 2002 年年末私募股权向蒙牛乳业注资以来，蒙牛乳业迅速扩大行业占有率，并跃居国内乳品行业前列。

2) 第二份对赌协议结果

数据显示，2004 财年蒙牛乳业的税后利润为 3.920 9 亿元，增长率约为 68%，复合年增长率远远高于 50%，蒙牛乳业提前结束了对赌协议，获得投资方回赠的最多不超过 7 830 万股的蒙牛乳业股票。2004 年，蒙牛乳业成功在中国香港联交所主板上市，通过 IPO 获得融资 13.74 亿港币。强有力的资金支持让蒙牛乳业开始在我国乳品业领跑。

综上所述，由于对行业与公司的准确判断，蒙牛乳业通过签订两次对赌协议，为公司筹集到必要的发展资金，重新夺回因股权融资而分散的公司控制权，并凭借自身努力，成功在中国香港挂牌上市，并在对赌协议结束后，蒙牛管理层获得投资方 6 000 多万股的股票奖励，而摩根士丹利等投资方以每股高于 6 港元的股价兑换"可换股文据"，获得超过 4 倍的投资回报率。在这场对赌博弈中，蒙牛乳业与摩根士丹利等投资方获得双赢。

4.1.2 碧桂园与美林的对赌协议

1. 对赌协议签订动机

碧桂园控股有限公司(以下简称"碧桂园")成立于 1992 年，是一家涉及物业、装修、投资、酒店开发与管理并提供多种地产配套设施的新型城镇房地产开发集团，公司涉猎范围比较广泛。2007 年 4 月 20 日，公司在中国香港联交所主板上市。上市之初公司将获得的大量资金用于扩大公司地产事业的发展，拓展经营规模。但受到全球金融危机的影响，碧桂园投放市场利率高达 10% 的 15 亿美元债券几乎无人问津，加之自身持续扩张，公司资金链承受巨大的压力。2008 年年初，公司的巨额债务即将到期，融资迫在眉睫，于是碧桂园在这种情况下与美林签订对赌协议，用来解决燃眉之急。

相比较而言，一方面，对赌协议的年利率是 2.5%，远低于金融机构的 5 年期贷款利率，降低了公司的融资成本；另一方面，对赌协议中的转股和增发可以使公司用较少的股份获得更多的资金，并且不会稀释公司的股权，从表面上看利大于弊。

2. 对赌协议内容简介

2008 年 2 月，碧桂园与美林签订了对赌协议，同时签订一份对赌协议结束后以现金方式结算的掉期协议。

(1)可转换债权协议规定，碧桂园初步发行本金为 3 595 百万元人民币的固定债券；发行本金为 719 百万元人民币的选择性债券，碧桂园向美林出售公司的期权，美林经判断后，可依据市场行情选择是否购买碧桂园的期权。若美林选择发行选择性的债券，发行债券的最高本金不得超过百万元人民币。

(2)碧桂园初步可转换股股价为 9.05 港元。若发行的债券按照初步可转换股股价系数进行转换，可转为 430 843 350 股公司的固定债券股份和 86 168 670 股选择性债券股份。在 2008 年 4 月 3 日至 2013 年 2 月 15 日协议履行期间，碧桂园可随时行使转股权。协议到期后，除非先前已按债券的条款及细则赎回、转换或购买及注销，否则本公司将于 2013 年 2 月 22 日赎回各债券，赎回价等于债券的人民币计值本金额的美元等值乘以 121.306%。

(3)碧桂园选择赎回时，向债券持有人及信托人发出不少于 30 天或不多于 90 天的通知(有关通知将不可撤销)后，公司可于 2011 年 2 月 22 日后至到期日前随时于赎回日期按提早赎回金额的美元等值连同截至赎回日期的应计未付利息，赎回当时尚未赎回的全部(但不得只赎回部分)债券，唯于 30 个连续交易日(该 30 个连续交易日期间的最后一日须为有关赎回通知发出日期前五个交易日之内)当中任何 20 个交易日的股份收市价(按有关交易日适用的现行汇率折算为人民币)须至少为适用提早赎回金额除以转换比率的 130%；或者公司可于到期日前赎回，按提早赎回金额的美元等值连同截至赎回日期的应计未付利息，赎回当时尚未赎回的全部(但不得只赎回部分)债券(唯原已发行债券的人民币本金额至少 90%须已经转换、赎回或购回及注销)。

债券持有人选择赎回时，任何债券的持有人均可选择要求本公司按债券人民币本金额的美元等值乘以 111.997%连同截至赎回日期的应计未付利息，赎回该持有人于 2011 年 2 月 22 日所持全部或部分债券。认沽通知一经发出即不可撤销，唯本公司同意有关撤回除外。

3. 协议实施结果

截至 2008 年 6 月 30 日，在签订对赌协议四个月后，碧桂园的股价由每股 6.71 港元降至每股 5.06 港元，账面的公允价值亏损约 4.4 亿元人民币。2008 年年底，碧桂园股票跌至 1.9 港元，账面的公允价值亏损约 12.42 亿元人民币，股价累计下跌约 71.68%。随后碧桂园股价略有回升，但公司账面依然是亏损状态。2012 年，碧桂园叫停对赌协议，回收 7.130 45 亿人民币，仅收回 45.2%的协议前抵押金，对赌协议失败。

1)对美林的影响

碧桂园股价的下跌直接影响了美林行使转股权，虽然可以凭借签署的股份掉期协议挽回一些损失，但因碧桂园股价下跌趋势远远超出美林的预估，在这场同向博弈中，以双方失败而告终。

美林投资碧桂园的目的并不是想要在碧桂园股东中占据一席之地，而是打算投资碧桂园，以期获得双赢。对赌协议的签订各方虽然看似站在对方的对立面上，但实际上对赌协议对于投资者来说是一种博弈性质更加强烈的风险投资，投资者必然希望被投资对象能为自身带来更大的利益。而在失败的对赌协议中，投资者虽然可以获得相应的投资赔偿，但从总体来看，双方也是双输的局面。因此，既然美林投资碧桂园的目的不是成为碧桂园的大股东，那么在转换日，如果碧桂园的股价低于初始规定的 9.05 港元，那么美林就不会将手中的可转换债券转换为股票，如果想要持有更多碧桂园的股票，在二级市场低价购买股票才是更为明智的选择。虽然美林只能继续持有碧桂园的债券，但根据对赌协议的规定，美林每年依然可以享有 2.5%的票面利率，在可转换债券到期时，可以以 121.306%的价格返还碧桂园的债券。

2) 对碧桂园的影响

从碧桂园的角度看，虽然发行的债券以 2.5%作为票面利率，但相比 5 年期贷款的 5.76%年利率，还是低了不少。但碧桂园仅仅考虑到节约每年的利息费用，而忽略了在特殊市场环境中，公司股价是否呈现增长趋势、债券持有人是否会在可转换日内转换手中债券等问题。如果股价持续走低，那么将不会有债券持有人选择转换手中的债券。在债券到期日那天，公司将以 121.306%的价格回收债券持有人手中的可转换债券，到那时，按照债券最高筹资额 43.14 亿人民币来计算，碧桂园将要负担约 52.33 亿人民币的融资成本。

4.2 案例思考与分析

请分析讨论以下问题：
(1) 蒙牛与碧桂园在本案例中签署对赌协议的标的有何差异？
(2) 请评价蒙牛与碧桂园在本案例中签署对赌协议的结果。

4.3 知识点提示

4.3.1 对赌协议的含义及类型

对赌协议（Valuation Adjustment Mechanism，VAM）本义是"价值调整机制"，也译为"估值调整协议"，往往出现在股权交易双方达成协议时。如果对于目标公司估值达不成一致，双方将对目标公司未来不确定事项做出一种约定，因此，对赌协议属于期权的一种形式。目标公司未来不确定事项通常是经营业绩，也可能是上市时间。如果对赌目标实现，融资方可以行使一种估值调整的权利；如果对赌目标未实现，投资方则行使另一种权利。对赌协议产生的主要原因在于，交易对价的金额是由目标公司未来的盈利能力或其他条件确定的，其目的是为了尽可能保证股权交易价格的公平合理，不仅保护投资人的利益，也对融资方或其控股股东发挥激励作用。

对赌协议中涉及的交易双方主要发生在新老股东之间，有时也发生在投资方与目标公司之间。对赌协议主要有以下几种类型。

1) 依据"或有对价"支付时间的不同划分为正向对赌和反向对赌

正向对赌通常是交易双方对目标公司估值或上市时间等不确定事项无法达成一致时，采取分期支付的交易模式，当目标公司完成对赌目标时，受让方再向转让方追加支付交易对价。正向对赌交易总额=预付+追加或有对价。

反向对赌则是交易双方先达成一个总价款，当目标公司未能实现对赌目标时，由转让方向受让方支付一定的补偿。反向对赌交易总额=已付总对价-补偿或有对价。我国上市公司发行股份购买资产中常采用的"盈利预测补偿协议"就是典型的反向对赌模式。

2) 依据持股比例的不同划分为参股型对赌和控股型对赌

参股型对赌的参与方主要是PE/VC（私募股权投资/风险投资）和天使投资，投资标的通常是拟上市公司。参股型对赌协议一般由投资方与目标公司的控股股东签署，对赌的不确定事项通常是目标公司的未来业绩和上市时间。

控股型对赌通常是以受让股权方式获得目标公司的控股权。控股型对赌协议的双方是目标公司原股东和受让方，对赌的不确定事项主要是目标公司的未来业绩。我国上市公司发行股份购买资产的对赌协议主要是控股型对赌协议。

3) 依据调整内容不同划分为货币补偿型对赌和股权补偿型对赌

货币补偿型对赌，是指当目标公司未能实现对赌目标时，目标公司的原股东向投资方给予一定数额的现金补偿，双方持股比例不变。

股权补偿型对赌，主要约定当目标公司完成对赌目标时，投资方将给予目标公司原股东或目标公司经营团队一定数量的股权奖励；反之，如果未能实现对赌目标，原股东将向投资方给予一定数量的股权补偿。此类股权补偿通常是一方同意另一方以优惠价格定增，或以优惠价格购买另一方持有的目标公司的股权。股权补偿型又分为股权调整型、股权稀释型、控股权转移型、股权回购型。

4.3.2 对赌协议的签订动机

从签订对赌协议的初衷来看，蒙牛乳业与碧桂园两者的动机是相似的。二者都是在快速成长的阶段，由于资金短缺采用签订对赌协议的方式进行融资。比较而言，蒙牛乳业动机较为主动，由于大量中小乳品企业的兴起，乳品行业竞争加剧、奶牛饲养成本升高、工人人工成本增加等，这些因素制约了蒙牛乳业的快速发展，由于企业本身资金积累较少，银行信贷困难，内部融资已经不能满足企业发展需要，所以签订了以企业业绩为标的的对赌协议进行融资。

而碧桂园的签订动机就显得较为被动。公司在中国香港上市后，大量扩充了地产事业范围，拓展了公司经营规模。2008年年初，公司一笔十几亿的负债即将到期，加上2008年金融危机重创房地产行业，碧桂园无法在二级市场上获得足够的周转资金，于是被迫与美林签订了对赌协议。

4.4 案例参考答案

(1) 蒙牛与碧桂园在本案例中签署对赌协议的标的有何差异？

签订对赌协议时，蒙牛乳业正处在高速发展的成长阶段，由于市场前景广阔，企业原料供应充足，自身也具有过硬的生产技术，制约企业发展的最大问题就是资金。综合自身发展现状，蒙牛乳业签订了以业绩指标为标的的对赌协议。协议签订之前，蒙牛的税后复合年增长率已经超过了50%，完全能够达到协议标准，并且企业未来发展趋势较为被外界看好，保持增长率不是难题。因此，蒙牛乳业管理层对于对赌协议的风险把控能力较强。这也是其对赌协议成功的关键因素。

碧桂园与美林对赌协议的对赌标的是碧桂园的股价，股价的高低直接影响了碧桂园可转换债券的转换和碧桂园以债券方式融资的风险。过高的预估股价使得碧桂园没能完成最终对赌协议的标准。由于公司巨额债务即将到期，资金链面临巨大压力的碧桂园急于筹集资金解决当前问题，所以签署了对赌协议。

随着经济的快速发展，房地产行业的发展前景不可估量，加之国家加快推进城市化进程，大量地产开发项目等待发掘，而日益新兴的旅游业也为碧桂园的自身发展带来了大量商机。为了更快的发展公司的地产业务，不断扩大商业蓝图，债务即将到期的碧桂园在不得已的情况下选择了年利率较低的私募股权融资解决自身资金周转问题。

2007年碧桂园在中国香港上市，由于市场的反映较好，碧桂园的销售额和税前利润呈现逐年攀升的状态，股价一度涨至每股14港元，因此公司管理层看好公司的发展前景，认为市场低估了本公司的股价，故与美林签订了对赌协议。但从2007年下半年开始，从美国开始的全球金融危机逐渐波及世界各国，2008年中国的房地产行业遭受重创，这导致碧桂园股价开始直线下滑，股价一度跌至每股7港元左右，账面本金损失惨重。股票价格波动性强，系统性风险高，因为影响股价的原因多种多样，将这具有高度不确定性的对象作为对赌协议成败的重要标准，风险较大。

(2) 请评价蒙牛与碧桂园在本案例中签署对赌协议的结果。

从结果上看，蒙牛乳业对赌协议与碧桂园对赌协议最大的区别就是蒙牛乳业获得了双赢，而碧桂园的结果是双输。这主要体现在行业风险不同以及对赌的标的不同。

在行业上，蒙牛乳业当时属于朝阳行业，虽然行业内竞争激烈，但总体趋势更为看好；碧桂园所属的房地产开发行业，行业前景虽然明朗，但因受宏观政策影响较大，开发成本较高，行业风险较大。

在政策上，乳业隶属于农业范畴，由国家政策大力扶植，乳业发展有助于提升我国城乡居民的生活水平，缩小城乡与城镇之间的消费水平差距，促进经济发展。碧桂园所属的房地产开发行业，政府调控频繁，行业资金需求规模巨大，对利率水平敏感度高。

在国内外经济形势上，蒙牛乳业受国内外经济因素的影响相对较小，影响蒙牛乳业的主要为行业内大量涌现的中小企业，以及市场竞争加剧、人工成本升高、奶牛饲养成本上升、同行业价格战等因素。而碧桂园所属的房地产行业，受宏观因素影响大，公司潜在的风险较大。

在管理层对企业把控方面，蒙牛乳业的可控性明显高于碧桂园。基于前期业绩增长，蒙牛管理层做出正确决策，保持企业平稳发展，因此完成对赌协议十分顺利。对于碧桂园来说，管理层对于股价的把控很难。虽然碧桂园管理层大量持股，且对于企业有绝对控制权，但股价自身变动有其趋势，碧桂园管理层无法控制其股价走势，且短时间内无法控制股价，加之在对赌协议中的规定股价与当时碧桂园股价差距很小，因此存在巨大风险。

第5章
华能国际高派现股利政策

5.1 案例背景资料

华能国际，全称华能国际电力股份有限公司。公司成立于1994年6月30日，是中国华能集团公司的核心企业，由华能国际电力开发公司联合7家地方投资公司共同创建。至2015年年底，华能国际成为亚洲最大的独立上市发电公司。在2014年中国《财富》500强排名中，华能国际位列第32位。

华能国际的主要业务是利用现代化的技术和设备，利用国内外资金，在国内外开发、建设和运营发电厂，为用户提供安全、高效、清洁的电能及其他能源服务。截至2015年年底，公司管理装机容量7 051.37万千瓦，其中国内6 790.43万千瓦，包括煤电机组5 942万千瓦、燃气机组688.24万千瓦、IGCC（整体煤气化联合循环发电系统）电站26.5万千瓦、风电机组90.9万千瓦、水电机组41.79万千瓦和光伏电站1万千瓦。同时，公司全资拥有新加坡大士能源公司，装机容量260.94万千瓦，约占新加坡五分之一的电力市场份额。至2015年年底，公司管理16家省级区域分公司、68座电厂，分布在我国18个省（区、市）。此外，公司还拥有港口吞吐能力5 512万吨/年，航运企业运力226.24万载重吨。

1994年10月，华能国际在全球首次公开发行了12.5亿股境外上市外资股（"外资股"），并以3 125万股美国存托股份（American Depository Share，ADS）形式在美国纽约证券交易所上市。1998年1月在中国香港联交所上市，同年3月又成功地完成了2.5亿股外资股的全球配售和4亿股内资股的定向配售。2001年11月在国内成功发行了3.5亿股A股，其中2.5亿股为社会公众股。

华能国际2007—2017年度股利分配方案见表5-1。

华能国际一贯重视对投资者的合理投资回报，保持利润分配政策的连续性和稳定性。公司曾制定《华能国际电力股份有限公司未来三年（2017—2019年）股东回报规划》。公司在当年盈利及累计未分配利润为正，并且在公司现金流可以满足公司正常经营和可持续发展的情况下，采取现金方式分配股利，每年以现金方式分配的利润原则上不少于当年实现的合并报表可分配利润的50%。公司可以用现金、股票或者现金与股票相结合的形式分配股利。公司可以在其认为适当时进行中期现金分红。公司在经营情况良好，并且在董事会认为公司股票价格与公司股本规模不匹配、发放股票股利有利于公司全体股东整体利益时，可以在满足前款现金分红的条件下，提出股票股利分配预案。

表 5-1 华能国际 2007—2017 年度股利分配方案

分红年度	股利分配方案	净利润（万元）	现金股利总额（万元）	股利支付率(%)
2007	10 派 3（含税）	599 706	361 662	60.3
2008	10 派 1（含税）	-370 123	120 553	
2009	10 派 2.1（含税）	508 100	253 163	50.0
2010	10 派 2（含税）	354 430	281 108	79.3
2011	10 派 0.5（含税）	126 825	70 276	55.4
2012	10 派 2.1（含税）	586 865	295 163	50.3
2013	10 派 3.8（含税）	1 052 013	534 105	50.8
2014	10 派 3.8（含税）	1 054 575	547 975	52.0
2015	10 派 4.7（含税）	1 378 605	714 418	51.8
2016	10 派 2.9（含税）	881 429	440 811	50.0
2017	10 派 1（含税）	172 455	152 004	88.1

资料来源：华能国际官网。

根据表 5-1 的相关数据，可以看出华能国际股利分配有以下三个特点。

1) 股利政策连续且稳定

2007—2017 年度，华能国际每年都坚持发放现金股利，并且绝大部分时间保持 50%以上的股利支付率。即使在 2008 年由于全球金融危机企业净利润达到负值，出现经营亏损的情况下，华能国际仍然坚持每 10 股派息 1 元，这种多年连续发放现金股利的情况在上市公司中是较为罕见的。

2) 股利政策以现金股利为主

除 2013 年实施过股票股利与现金股利并存的混合股利政策之外，华能国际其余年份都以派发现金股利为主。2015 年股利分配每 10 股派 4.7 元，是历年现金股利最高的分红方案。

3) 股利支付率高

自 2007 年华能国际 A 股上市以来，公司的股利支付率绝大部分时间保持在 50%以上，这在中国发电行业上市公司中尤为罕见。2008 年，在全球金融危机背景下多数上市企业经营出现亏损，在当时我国 42 家电力行业上市公司中股利支付率在 50%以上的企业只占三分之一，华能国际在净利润为负值的情况下仍然坚持发放现金股利，这在当年的电力行业中是唯一一家。

华能国际的分红政策一直备受业界关注，公司曾在 2010 年《第一财经日报》关于 A 股电力公司分红融资比的统计数据中排名第一。华能国际 2015 年净利润为 137 亿元，每股收益 0.95 元。如果以 2015 年年底的股价 8.7 元/股购入华能国际股票，假设华能国际按年度分红，在 2016 年年底，按照 51.7%的股利支付率来算，股东获得股利可达 0.49 元/股，年收益率约为 5.6%，这在电力行业上市公司中属于高水平。

5.2 案例思考与分析

请分析讨论以下问题。

(1) 上市公司制定股利政策，需要充分考虑企业的外部环境和企业内部的财务状况等因素。根据案例的背景资料及华能国际近几年的财务报告数据，分析华能国际实施高派现股利政策的主要原因。

(2) 我国电力行业上市公司常用的股利分配方式有哪些？请对华能国际的高派现股利政策做出评价。

(3) 影响上市公司股利政策的非财务因素有哪些？

5.3 知识点提示

5.3.1 影响上市公司股利政策的主要因素

公司特征因素、公司治理因素和外部宏观因素是影响上市公司股利政策的主要因素。

1. 公司特征因素

1) 盈利能力

一般来说，公司在经营过程中所获得的利润是进行股利分配的主要来源，因此盈利能力是公司发放股利的坚实基础。如果一个公司的盈利能力高且稳定，相对来说股利分配的能力就越强，股利的支付率就越高。因此公司只有在有盈余利润时才会具备发放股利的能力。当然当公司具备发放股利能力的时候是否发放股利，以及股利发放率的高低也取决于公司股利政策的选择。由上文可知发放股利会由于信号传递效应向投资者传递公司发展良好、发展前景乐观的信号，因此公司会更多地倾向于维持多盈利就多分配，少盈利就少分配的状况。

2) 公司规模

通常较小规模的公司更倾向于把留存收益保留在公司内部，因为其发展和扩张的意愿更为强烈，因此资金需求较大，而中小规模企业的融资成本又较高，因此将资金留存公司内部可以用于投资回报率更好的项目以达到扩大公司规模的目的。另外，小规模公司往往抗风险能力差，为了提高公司抗风险能力也会更倾向于减少现金股利的发放，而把收益留存在企业内部。

规模比较大的企业不会像小规模公司那样有强烈的扩张欲望，并且还由于公司经营状况稳定，市场占有率高，盈利能力较强，现金流充足，公司多年建立的经营状况良好的形象，使其更容易从外部吸引投融资。因此，大规模企业更倾向于将收益以现金股利的形式回馈给投资者，并且其现金股利发放水平也会高于小规模企业。

3) 成长能力

成长性较好的公司通常在发展期投资的机会很多且发展势态良好，因此为了满足公司扩张所产生的对资金的需求，更加倾向于将公司的盈余资金留存在公司内部，这也会造成公司采取一些消极的股利政策：不支付股利或者少支付股利。相反，成长能力缺乏的企业一般是夕阳产业或者是处于成熟阶段，无扩张欲望，对资金需求较少，因而为了在市场上树立良好形象，扩大其影响，吸引一些中小投资者的目光，更倾向于采取较为积极的股利分配政策，将多出来的现金以股利的形式分派给投资者。

因而一般认为从公司的发展长远性来看，成长能力较强的公司会为了长远的企业投资项目而减少股利发放。从信号传递理论的角度来看，成长能力较差的企业会更倾向于提高股利的支付水平，从而吸引投资者增持股票，从另一个角度来维持公司的长远发展。

4) 现金流量

每股现金流量是体现公司利润质量和经营状况的重要指标。能够支付较高现金股利的前提是公司拥有充足的现金资源。同时，公司的经营状况越稳定，现金流量就越高，就越有利于支付高股利。相反，如果公司经营状况不佳，现金流量较少，那么发放股利对于企业来说就无异于雪上加霜。因而在这种情况下，公司会避免派发股利以维持资金能够正常周转，因此会选择比较消极的股利政策。由此可见，公司的经营状况在很大程度上影响股利政策，而现金流量又是公司经营状况的重要指标体现，所以与股利政策的关系就更加直接。

2. 公司治理因素

公司治理因素的问题涵盖两个方面，一方面是股东性质，另一方面是股权集中度。

从股东性质来看，在2005年股权分置改革之前，上市公司的股权结构相对复杂，股票种类也错综多样，其中涵盖国有股、法人股、内部职工股和社会流通股等，前三者是不能够上市流通的。因此这些股票不能通过在市场中交易来获取差价，只能以现金股利的形式获得收益。一般来说，上市公司流通股在股本结构中的比例越高，公司就越会有更强烈的愿望通过股利发放的形式来满足资金需求。因而恰当制定公司的股利政策，就需要考虑股东的要求。在股权分置改革之后，非流通股在经历了一段限售期后，股市逐步进入了流通时代，近些年股利支付水平的提高也在很大程度上受流通股比例增大的影响。

从公司的股权集中度来看，如果公司股权的集中度较高，大股东会因为持有公司较多的股份而有较多的经营权和话语权，因此也很可能由此来影响上市公司的决策进而谋取私利。大股东会为了维持大份额股份以拥有长期的控制权而放弃在市场上进行股份售卖的利得，从而转向获取所持股份支付的现金股利作为收益。因此，一般来说集中度较高的公司股利支付率较高。

3. 外部宏观因素

1) 法律法规

在中国，上市公司受法律规定进行融资增股时，利润必须达到一定的水平，且需要进行股利分配。比如，在2001年中国证监会发布的《上市公司新股发行管理办法》、2006年出台的《上市公司证券发行管理办法》和2008年的《关于修改上市公司现金分红若干规定的决定》中，都有鼓励上市公司实施相对积极的股利分配方案，且要求再融资上市的公司在近三年以现金分配的累计利润要超过最近三年实现的年均可分配利润的30%。因此，现金股利的分配就成为上市公司再融资必不可少的条件之一，也是强制干预的要求。

2) 行业因素

任何行业在资本市场中都有其特定的发展特性和规律。不同行业在产业周期、利润率高低、要素密集类型和政策扶持力度上都存在差异，因此在制定股利倾向性方面同样存在着差异。一般来说，行业成熟度高的公司，由于其市场占有度较高，甚至是垄断企业，企业规模较大，现金流充足，因而更倾向于发放现金股利。相反，一些成熟度较弱的新兴行业投资机会较多，因而会着眼于公司未来的发展的现金需求，所以会选择较少发放股利的政策。

3) 宏观经济状况

国家的经济发展是具有周期性的，当处于经济发展的繁荣时期，市场需求旺盛，具有较高的投资水平，公司的业绩也一路走红，因而盈利水平高资金充足，就更倾向于分配股利，且股利支付率也相对较高。相反，当国家经济处于萧条时期，市场需求也萎缩，投资热情走低，业绩下滑，公司现金周转不灵，因此为了维稳公司的正常经营，公司更倾向于采取消极的股利政策。

5.3.2　上市公司股利分配方式

上市公司股利分配方式包括：现金股利、股票股利、股票回购等。

1. 现金股利

现金股利是指以现金形式发放股利，是最受理性投资者欢迎的股利分配方式，也是目前较为普遍的股利分配方式。上市公司为降低公司的代理成本，而进行现金股利的发放，这在一定程度上减少了管理层的道德风险，也是公司管理者对公司股东进行回报的体现，有利于保护股东(尤其是中小股东)的利益。另外，在证券市场中通过发放现金股利的方式传递公司运营和发展良好的信号可以树立良好上市公司形象和提升价值。至于发放多少现金股利，主要应根据公司该年的经营业绩、现金留存与下一年度预算开支及投资机会等情况而定。因为采用现金股利的分配方式，就要求公司有足够充裕的资金流和未分配利润。

2. 股票股利

股票股利是指公司向投资者发放股票作为公司股利。该股利分配方式本质上没有改变股东手上持有的股权比例，公司的总资产也没有因此而增加，但是对公司所有者的权益结构会有所调整。除此之外，股票股利的发放也会造成每股股价下跌，而较低的股价更容易吸引广大投资者的青睐。因此，发放股票股利能够让更多中小投资者的目光聚集到公司的股票上，从而使公司股票更加活跃。另外，发放股利是不需要支付现金的，这样可以使公司保留更多的资金进行再投资，并且不会出现现金压力效应，从而降低公司发展的资金压力。

3. 股票回购

股票回购是指公司利用现金等方式出资购回其发行在外的股票。这是一种调整流通中股票数量的行为。股票回购的结果是减少公司流通股票的数量，增加每股盈利，推动股价上升，股东因此获得资本利得。因此，股票回购也被看作现金股利的替代方式。公司在股票回购完成后可以将所回购的股票注销，但绝大多数情况下，公司将回购的股票作为库藏股保留，不再属于发行在外的股票，且不参与每股收益的计算和分配。

公司不采用现金股利的方式，而采用回购自己公司股票的方式回馈给股东的主要原因是：从股东角度来讲，股票回购后股东得到的是资本利得，需交纳资本所得税，发放现金股利股东则需交纳股利所得税。在前者低于后者的情况下，股东将得到纳税上的好处。从公司角度来讲，回购股票有一举多得的益处：①帮助调整公司资本结构。如果公司权益资本比例过高，可以通过股票回购迅速提高长期负债比例和财务杠杆，尽管发放现金股利也可以增加财务杠杆，但股票回购还可以得到较高的每股收益，这是现金分红做不到的。②可以传递公司股价被低估的信号。公司管理层认为公司的股票价值被低估，往往通过股票回购，提升公司股价。但不能忽视股票回购行为也有可能被人们认为公司管理层找不到更好的投资机会利用现金而带来的不利影响。③集中控制权。股票回购可以减少公司股东数量，从而集中控制权，如提高经理和某些大股东的控制地位。

5.3.3 上市公司股利政策

股利政策是指公司关于是否发放股利、发放多少股利，以及何时发放股利等方面的方针和策略，所涉及的主要是公司对其收益进行分配还是留存以用于再投资的策略问题。股利政策在企业不违反国家有关法律、法规的前提下，根据企业的具体情况制定。股利政策既要保持相对稳定，又要符合企业财务目标和发展目标。在实际工作中，通常有以下几种股利政策。

1. 剩余股利政策

剩余股利政策要求净利润首先满足公司的资金需求，如果还有剩余，就派发股利；如果没有，则不派发股利。

采用剩余股利政策的理由：

① 保持理想的资本结构，使综合资本成本最低；
② 满足企业发展需要；
③ 规避负债筹资风险。

剩余股利政策的理论依据是股利无关理论。根据该理论，在完全理想状态下的资本市场中，公司的股利政策与普通股每股市价无关，股利政策只需随着公司投资、融资方案的制定而自然确定。公司派发股利的高低不会对股东的财富产生实质性的影响，公司决策者不必考虑公司的股利分配方式。因此，在完全资本市场的条件下，股利完全取决于投资项目需用盈余后的剩余，投资者对于盈利的留存或发放股利毫无偏好。

采用剩余股利分配政策时，应遵循如下步骤：

第一步，测定目标资本结构；
第二步，确定目标资本结构下投资所需的股东权益数额；
第三步，最大限度地使用保留盈余来满足投资方案所需的权益资本数额；
第四步，投资方案所需的权益资本满足后若有剩余盈余，再将其作为股利发放给股东。

这种政策适用于处于成长期，未来有良好发展前景的公司。

2. 固定或稳定增长的股利政策

固定或稳定增长的股利政策是指公司将每年派发的股利固定在某一特定水平，或是在此基础上维持某一固定比率逐年稳定增长。公司只有在确信未来收益不会发生逆转时才会宣布实施固定或稳定增长的股利政策。在这一政策下，应首先确定股利分配额，而且该分配额一般不随资金需求的波动而波动。

固定或稳定增长股利政策的优点。

① 有利于树立企业良好的形象，避免出现企业由于经营不善而减少股利的情况。

② 有利于投资者安排股利收入和支出，有利于吸引那些打算进行长期投资并对股利有很高依赖性的股东。

③ 有利于向市场传递企业正常发展的信息，增强投资者对企业的信心，稳定股票的价格。

固定或稳定增长股利政策的缺点。

① 股利的支付与企业的盈利脱节，即不论公司盈利多少，均要支付固定的或按固定比率增长的股利，这可能会导致企业资金紧缺，财务状况恶化。

② 在企业无利可分的情况下，若依然实施固定或稳定增长的股利政策，也是违反《公司法》的行为。

采用这种股利政策，要求企业对未来的盈利和支付能力能做出准确的判断。一般来说，公司确定的固定股利额不宜太高，以免陷入无力支付的被动局面。固定或稳定增长的股利政策通常适用于经营比较稳定或正处于成长期的企业。

3. 固定股利支付率政策

固定股利支付率政策是指每年的股利支付率保持不变，每股股利随着公司经营所获净利润的增减变动而变动。股利占净利润的百分比通常称为股利支付率，股利支付率一经确定，一般不得随意变更。在这一股利政策下，只要公司的税后利润一经计算确定，所派发的股利也就相应地确定了。固定股利支付率越高，公司留存的净利润就越少。

固定股利支付率的优点。

① 股利与公司盈余紧密地配合，体现了"多盈多分、少盈少分、无盈不分"的股利分配原则。

② 公司每年按固定的比例从税后利润中支付现金股利，从企业的支付能力的角度看，这是一种稳定的股利政策。

固定股利支付率的缺点。

① 大多数公司每年的收益很难保持稳定不变，从而导致年度间的股利额波动较大。由于股利的信号传递作用，波动的股利很容易给投资者带来经营状况不稳定、投资风险较大的不良印象。

② 容易使公司面临较大的财务压力。在有些情况下，公司实现的盈利多，并不能代表公司有足够的现金流量来支付较多的股利额。

③ 公司每年面临的投资机会、筹资渠道都不同，而这些都可以影响公司的股利分派，因此合适的固定股利支付率的确定难度比较大。

在实践中，一成不变地奉行固定股利支付率政策的公司并不多见，固定股利支付率政策比较适用于那些处于稳定发展且财务状况也较稳定的公司。

④ 低正常股利加额外股利政策。低正常股利加额外股利政策是指公司事先设

定一个较低的正常股利额，每年除了按正常股利额向股东发放股利外，在公司盈余较多、资金较为充裕的年份向股东发放额外股利。

低正常股利加额外股利政策的优点。

① 该政策使公司股利支付具有较大的灵活性，可以使那些依靠股利度日的股东每年至少可以得到虽然较低，但比较稳定的股利收入，从而吸引住这部分股东。

② 在公司的净利润与现金流量不够稳定时，采用该政策对公司和股东都是有利的。

③ 公司可根据每年的具体情况，选择不同的股利发放水平，以稳定和提高股价，进而实现公司价值的最大化。

低正常股利加额外股利政策的缺点。

① 由于公司每年盈利的波动使得额外股利不断变化，造成分派的股利不同，容易给投资者收益不稳定的感觉。

② 若公司经营状况一直良好并持续地支付额外股利，则股东对股利发放的期望会增强，额外股利就会失去它原本的意义。而一旦取消，传递出的信号可能会使股东认为这是公司财务状况恶化的表现，进而导致股价下跌。

额外股利并不固定化，不意味着公司永久地提高了股利支付率。相对来说，对那些盈利随着经济周期而波动较大的公司或者盈利与现金流量很不稳定时，低正常股利加额外股利政策是一种很好的选择。

以上各种股利政策各有所长，公司在分配股利时应借鉴其基本思想，制定适合本公司实际情况的股利政策。我国上市公司普遍采用固定股利政策和低正常股利加额外股利政策。

5.4 案例参考答案

(1) 华能国际实施高派现股利政策的主要原因。

公司净利润是进行股利分配政策的基础，只有当公司具备足够的股利支付能力，才能够正常且按时支付股利。基于财务因素分析华能国际高派现股利政策要依据其财务数据。

华能国际连续多年高派现股利政策的重要前提条件是其优秀的经营业绩能力，高质量的经营能力为企业发展带来了充足的资金和利润，为其实行高派现股利政策提供了后盾。华能国际2012年至2017年利润相关数据见表5-2。

表5-2 华能国际2012年至2017年利润表　　　　　　　单位：亿元

年份	2016年	2015年	2014年	2013年	2012年
净利润	132.7	175.5	153.6	131.0	68.5
归属母公司股东的净利润	88.1	137.9	105.5	105.2	58.7

虽然华能国际2012年至2015年的营业收入呈现连续增长的趋势，但自2015年起到2016年，公司的营业收入一直在走下坡路，2016年营业收入1 138亿元，同比下降11.7%；实现归属母公司股东净利润88.1亿元，同比下跌36.1%。相对于营业收入的不稳定，2012至2015年公司的净利润一直高速增长，2015年的净利润额较2012年相比增长了近3倍，是公司连续多年实施高派现股利政策的基础，但2016年年利润下降，这与电力行业产能过剩，居民用电与工业用电需求普遍下降不无关系。

公司盈利能力指标主要三个，即净利润率、净资产收益率与资产报酬率。华能国际2012年至2010年的盈利能力见表5-3。

表5-3 华能国际2012年至2016年盈利能力指标

年份	2016年	2015年	2014年	2013年	2012年
净利润率(%)	7.74	10.7	8.41	7.46	6.54
净资产收益率(%)	10.91	19.29	16.27	17.87	11.11
资产报酬率(%)	2.89	4.59	3.96	2.99	3.24

华能国际的净利润率、净资产收益率与资产报酬率都存在同一种现象，即2015年为转折点，2016年大幅下降。净利润率自2012年起至2015年一直处于上升趋势，这说明华能国际的主营业务即电力产业的市场竞争力正在逐年上涨，盈利能力增强，发展潜力巨大。但2016年大幅下降，与我国电力行业结构性过剩，政府倒逼电力改革，消费减少等激烈的竞争环境与严苛的政策因素密切相关。华能国际的净资产收益率不稳定，出现先下降后上升后又下降的趋势，净资产收益率的不稳定会导致公司股利政策等分配策略的改变。只有稳定的净资产收益才能使企业有足够的资金支持高额股利分配政策。就资产报酬率来看，华能国际的资产报酬率基本处于稳定状态。这表明华能国际的资产利用效率越来越高，同时在投资资金使用率等方面也取得了良好的效果，说明华能国际一直保持着稳定的盈利能力。

除了盈利能力外，华能国际实施高派现股利政策还与资产的流动性、现金状况及融资能力有关，这些因素都能从一定程度影响公司的决策进而影响股利政策。

(2)我国电力行业上市公司常用的股利分配方式有哪些？对华能国际的高派现股利政策做出评价。

现金股利、股票股利，以及混合股利是电力行业上市公司最常用的三种股利分配方式。其中现金股利占据主体地位，因为发放现金股利对股东和企业双方都有好处。对股东来说，可以在公司分红之后立即获取现金收益，相对其他股利政策来说更有保障；对企业来说，可以利用信号传递理论在市场及外部投资者心中树立良好的企业形象，吸引更多投资资金，还能使管理者效率最优化，降低股东与管理者之间的代理成本，为企业带来更多的收益。纯股票形式的股利分配政策也很常见，因为股票股利没有现金的流出和流入，从一定程度上说不会改变企业剩余资产的风险，因此对企业来讲也是一种优势大于劣势的股利分配方式。股票股利与现金股利一样可以通过信号传递理论向投资者传递良好信息，从而吸引投资者投入更多资金。

但与现金股利不同的是股票股利的发放不会减少企业的现金资产，也就免去了企业应对新一轮项目发展时融资筹资的成本，同时企业剩余资产风险也不会因为无风险的现金资产流出而增加，同时还可以减轻公司发放现金股利的资产压力。但股票股利也有缺点，如股票数量超出公司承受能力，会导致流通股票价格下降，每股收益降低。电力行业上市公司实行现金股利分配是大势所趋，但由于现实生活的复杂性，加上电力行业上市公司的创新改变，许多电力行业上市公司的股利分配方式已经开始转变为配股、资本公积转增股本或各种股利政策混合的新型股利政策，也就是我们常说的混合股利。

华能国际近年来持续实施高派现股利政策，加速了公司现金资产的外流，为了满足公司的经营发展，只能进行外部融资，因此资产负债率多年居高不下。2012年的资产负债率为75%左右，近几年虽然一直处于不降趋势，但2016年资产负债率仍约68.73%。一般来说，我国上市公司正常资产负债率约为60%，华能国际2012年的资产负债率远超正常水平，即使2016年已经有所下降，但其资产负债率在电力行业上市公司中仍处于较高水平。资产负债率是衡量上市公司负债水平以及经营活动能力的指标，资产负债率越高，意味着上市公司负债水平越高，经营活动能力越弱。

华能国际外部融资的主要手段是投放短期债券以获得长期资金，即短债长投，这种过度依赖融资资产的融资方式是电力行业的普遍选择，但也导致了很多不同的结果。好处在于可以降低企业税务资本，也可以增加管理层的压力，提高办事效率。坏处在于过度依赖融资资产导致企业破产风险增加，一旦融资过程出现问题，在如此高的负债率的基础上想要偿还负债维持经营非常难。华能国际资产负债率如此之高，却依然坚持发放现金股利，其实是一种冒险的做法。

华能国际自上市以来有着相对稳定的股利政策，主要是源于企业良好的盈利能力。发放现金股利即是在向投资者传递公司发展良好的信息同时，转移了内部盈余现金，限制了管理者手中的现金流，管理者被迫寻求投融资机会，从而受到来自更多方面的监督。但是同时也会存在造成企业资金短缺的可能。

华能国际自上市以来都秉承着发放大量现金股利的政策，这一政策也为公司树立了良好的企业形象，向外界传递着公司前景发展一片良好的信号，也吸引了不少投资者。但是如果一旦改变现有的股利政策，将会向外界传递不良的信号，引起投资者抛售股票，从而使股票价格下滑。所以华能国际一定要找准发放现金股利和保持企业长远发展的平衡点。

(3) 影响上市公司股利政策的非财务因素有哪些？

股利政策的制定也受到企业内外部多种因素影响，只是拥有良好的财务状况也并不意味着可以支付高的现金股利。其中股权结构、管理人员造成的代理成本、公司的发展策略等因素都会对公司的股利政策产生重要的影响。

第6章
碧水源企业价值评估

6.1 案例背景资料

6.1.1 碧水源公司简介

北京碧水源科技股份有限公司(以下简称"碧水源公司")创办于2001年,是中关村国家自主创新示范区高新技术企业,坚持以自主研发的膜技术解决中国"水脏、水少、饮水不安全"三大问题,以及为城市生态环境建设提供整体解决方案。2010年在深交所创业板挂牌上市,是创业板上市公司龙头股之一,现已成为中关村自主创新的知名品牌。

碧水源公司在北京怀柔建有膜研发、制造基地,核心技术包括微滤膜、超滤膜等膜集成城镇污水深度净化技术。目前已形成市政污水和工业废水处理、自来水处理、湿地保护与重建等全业务链。截至目前,碧水源公司参与了首都水系、海河流域等多个水环境敏感地区的治理,建成数千项膜法水处理工程、数百个国家水环境重点治理工程、数十座地下式再生水厂、多个国家湿地公园,占中国膜法水处理市场份额的70%以上,每天处理总规模超过2 000万吨,每年可为国家新增高品质再生水超过70亿吨,已承建上万座农村小型污水处理站。近年来,碧水源公司积极参与"一带一路"的建设,开拓国际市场。

自上市以来,碧水源公司实现了年均50%以上的复合增长率,受到资本市场持续青睐,获得建设银行、交通银行等银行的综合授信,总计达千亿元,具有较强的融资能力,也是北京市首家民营银行中关村银行的发起人和创立者。

6.1.2 碧水源公司价值评估数据

1. 资本成本

1)债务资本成本

碧水源公司的债务资本主要是银行的长期和短期借款,选取中国人民银行公布的 1 年期银行贷款基准利率为短期债务资本成本，5 年以上期限的银行贷款基准利率为长期债务资本成本。按照短期债务资本和长期债务资本所占的比重进行加权得出 2011—2015 年的债务资本成本，结果见表 6-1。碧水源公司适用的企业所得税税率为 15%，公司 2015 年的负债总额为 4 279 030 万元。

表 6-1 2011—2015 年碧水源公司的债务资本成本

年份	2011 年	2012 年	2013 年	2014 年	2015 年
短期债务资本成本(%)	6.56	6.00	6.00	5.60	4.35
短期债务资本占比(%)	100	0	68.03	49.84	18.44
长期债务资本成本(%)	7.05	6.55	6.55	6.15	4.90
长期债务资本占比(%)	0	0	31.97	50.16	81.56
债务资本成本(税前)占比(%)	6.56	0	6.17	5.87	4.80
债务资本成本(税后)占比(%)	5.58	0	5.25	4.99	4.08

2) 权益资本成本

碧水源公司 2015 年股票总数为 1 229 460 万股，权益资本成本采用资本资产定价模型计算，以 5 年期的国债利率作为无风险利率，结果见表 6-2。

表 6-2 无风险利率

年份	2011 年	2012 年	2013 年	2014 年	2015 年
无风险利率(%)	5.75	5.71	5.41	5.41	5.32

以我国 GDP 增长率作为市场风险溢价。由于"国家统计数据库"中的历年 GDP 是按当年价格计算的，所以选取各年的国内生产总值指数为依据，对 GDP 增长率进行计算，结果见表 6-3。

表 6-3 市场风险溢价

年份	2010 年	2011 年	2012 年	2013 年	2014 年	2015 年
GDP 指数(以 1978 年为 100)	2 073.1	2 270.8	2 449.2	2 639.2	2 831.8	3 027.2
GDP 增长率(K_m-K_f)(%)	—	9.54	7.86	7.76	7.30	6.90

碧水源公司适用的风险系数 β 见表 6-4。

表 6-4 风险系数 β

年份	2011 年	2012 年	2013 年	2014 年	2015 年
β	0.68	0.67	0.87	0.76	0.82

3) 资本结构

碧水源公司 2010 年至 2015 年的资本结构见表 6-5。

表 6-5　资本结构

年份	2010 年	2011 年	2012 年	2013 年	2014 年	2015 年
债务资本(百万元)	0	100.00	0	1 102.50	1 925.25	1 145.40
权益资本(百万元)	2 945.01	3 386.58	4 024.44	5 144.99	6 548.76	14 326.51
资本合计(百万元)	2 945.01	3 486.58	4 024.44	6 247.49	8 474.01	15 471.91
债务资本成本占比(%)	0	2.87	0	17.65	22.72	7.40
权益资本成本占比(%)	100	97.13	100	82.35	77.28	92.60

2. 公司未来的自由现金流量

依据碧水源公司经营情况和行业发展状况,选定两阶段增长模型,2016年至2020年为高速增长期,2021年以后步入永续增长期。预测碧水源公司在永续期内的增长率接近于我国 GDP 的增长率,稳定在8%左右。采用销售百分比法确定财务报表中各相关科目的数值。各相关科目与营业收入的比例见表 6-6。

表 6-6　各相关科目与营业收入的比例

年份	2011 年	2012 年	2013 年	2014 年	2015 年	平均值
经营性长期资产合计(百万元)	1 119.48	1 391.27	1 954.20	1 945.54	2 471.39	
经营性长期资产占比(%)	108.99	78.53	62.37	56.41	47.40	70.74
经营性长期负债合计(百万元)	41.04	49.93	47.83	40.57	19.99	
经营性长期负债占比(%)	4.00	2.82	1.53	1.18	0.38	1.98
固定资产累计折旧(百万元)	35.31	57.07	81.89	113.92	145.50	
固定资产累计折旧占比(%)	3.44	3.22	2.61	3.30	2.79	3.07
无形资产累计摊销(百万元)	8.53	13.19	19.40	35.44	62.60	
无形资产累计摊销占比(%)	0.83	0.74	0.62	1.03	1.20	0.88
经营性流动资产合计(百万元)	428.18	895.77	1 655.84	2 230.99	3 454.27	
经营性流动资产占比(%)	41.73	50.56	52.85	64.68	66.25	55.21
经营性流动负债合计(百万元)	822.92	999.43	1 593.53	1 659.15	2 340.5	
经营性流动负债占比(%)	80.21	56.42	50.86	48.10	44.89	56.10

根据经营性资产等项目对营业收入的占比进行预测,计算出 2016—2020 年各项目的具体数值,得出高速增长期的自由现金流量,结果见表 6-7。

表 6-7　高速增长期的自由现金流量　　　单位:百万元

年份	2016 年	2017 年	2018 年	2019 年	2020 年
经营性长期资产合计	4 241.85	4 878.13	5 609.85	6 451.33	7 419.03
经营性长期负债合计	118.73	136.54	157.02	180.57	207.66
净经营性长期资本	4 123.12	4 741.59	5 452.83	6 270.76	7 211.37

续表

年份	2016年	2017年	2018年	2019年	2020年
净经营性长期资本增加	1 671.72	618.47	711.24	817.93	940.61
加：固定资产累计折旧	184.09	211.70	243.46	279.98	321.97
无形资产累计摊销	52.77	60.68	69.79	80.25	92.29
等于：资本支出	1 908.58	890.85	1 024.49	1 178.16	1 354.87
经营性流动资产合计	3 310.61	3 807.20	4 378.29	5 035.03	5 790.28
减：经营性流动负债合计	3 363.98	3 868.58	4 448.86	5 116.19	5 883.62
净营运资本	−53.37	−61.38	−70.57	−81.16	−93.34
净营运资本增加	−1 167.05	−8.01	−9.19	−10.59	−12.18
税后净营业利润	1 882.55	2 203.79	2 517.33	2 877.91	3 292.57
减：资本支出	1 908.58	890.85	1 024.49	1 178.16	1 354.87
净营运资本增加	−1 167.05	−8.01	−9.19	−10.59	−12.18
加：固定资产累计折旧	184.09	211.70	243.46	279.98	321.97
无形资产累计摊销	52.77	60.68	69.79	80.25	92.29
等于：自由现金流量	1 377.88	1 593.33	1 815.28	2 070.57	2 364.14

6.2 案例思考与分析

请分析讨论以下问题。

(1) 综合资本成本是企业价值评估的基础，根据案例的背景资料计算碧水源公司2011年至2015年的加权平均资本成本。

(2) 企业预期收益的预测一般分为两阶段：高速增长期和永续增长期。根据案例的背景资料及公司的财务报告数据，采用两阶段法，并利用(1)计算的结果，对碧水源公司的企业价值进行评估。

6.3 知识点提示

6.3.1 资本成本

1. 资本成本的含义

资本成本是指企业为筹集和使用资本而付出的代价，包括资金筹集费用和资金占用费用两部分。对出资者而言，资本成本表现为让渡资本使用权而带来的投资报酬；对筹资者而言，资本成本表现为取得资本使用权而付出的代价。资金筹集费用是指企业为取得资金的使用权而发生的支出,包括银行借款的手续费、发行股票、债券需支付的广告宣传费、印刷费、代理发行费等。筹资费用通常在资本筹集时一次性发生,在资本使用过程中不再发生,因此,将其视为筹资数额的一项扣除。资金占用费用则指在资金使用过程中向资金所有者支付的费用,包括银行借款利息、债券的利息、股票的股利等。占用费用是因为占用了他人资金而必须支付的,是资本成本的主要内容。资本成本表示方法有两种,即绝对数和相对数。绝对数是指为筹集和使用资本而发生的费用总额。相对数是通过资本成本率来表示的。通常情况下用相对数表示资本成本,在不考虑货币时间价值的情况下,它是指资金的占用费用占筹资净额的比率。

2. 资本成本的计算

1)个别资本成本

个别资本成本是指单一融资方式的资本成本,包括银行借款资本成本、债券资本成本、优先股资本成本、普通股资本成本和留存收益成本等。其中前两类是债务资本成本,后三类是权益资本成本。

(1)银行借款资本成本。

银行借款资本成本包括借款利息和借款手续费用。利息费用税前支付,可以起抵税作用,一般计算税后资本成本,税后资本成本与权益资本成本具有可比性。

银行借款资本成本的计算公式为:

$$K_d = 年利息率 \times \frac{1-所得税税率}{1-筹集费用率}$$

式中,K_d——银行借款资本成本。

对于银行借款,在考虑货币时间价值的情况下,还可以用折现方式计算资本成本率。

(2)债券资本成本。

企业发行债券筹资要支付两部分费用:筹集费用和支付给债权人的利息。债券利息可在所得税前列支,因此公司自身实际承担的债券利息为:

$$债券利息 = 债券面值 \times 债券利息率 \times (1-所得税税率)$$

在不考虑货币时间价值的情况下,按年付息到期一次还本的债券资本成本为:

$$K_b = \frac{债券年利息 \times (1-所得税税率)}{债券筹资总额 \times (1-债券筹资费用率)}$$

式中,K_b——债券资本成本。

(3)优先股资本成本。

优先股筹资需支付筹资费用和优先股股利。公司发行优先股须定期按固定的股利率向持股人支付股利，但股利支付须在所得税后进行，因此不具有所得税的抵减作用。在考虑货币时间价值的情况下，优先股资本成本计算公式为：

$$K_p = \frac{优先股股利}{筹资总额 \times (1-筹资费用率)}$$

式中，K_p——优先股资本成本。

在考虑货币时间价值的情况下，可以把优先股股利视为一种永续年金，按永续年金现值的计算方法计算优先股资本成本。

(4)普通股资本成本。

普通股筹资需支付筹资费用和普通股股利。各期普通股股利会随企业收益的波动而变动，因此需要假定各期股利的变化具有一定的规律性。普通股资本成本的计算主要有股利增长模型法和资本资产定价模型法。

① 股利增长模型法。

股利增长模型法是依照股票的投资收益率不断提高的思路来计算普通股资本成本的方法。一般假定股票的收益以固定的年增长率递增，则普通股资本成本的计算公式为：

$$K_s = \frac{D_0(1+g)}{P_0(1-f)} + g$$

式中，K_s——普通股资本成本；

　　　D_0——本期支付的股利；

　　　g——预期股利年增长率；

　　　P_0——股票市场价格；

　　　f——股票筹资费用率。

② 资本资产定价模型法。

在公司未来股利增长率不确定的情况下，可采用资本资产定价模式，并通过风险因素加以调整，计算普通股资本成本。

资本资产定价模式的计算公式为：

$$K_s = R_f + \beta(R_m - R_f)$$

式中，R_f——无风险投资报酬率；

　　　R_m——证券组合的平均期望报酬率；

　　　β——公司所在行业的风险系数(贝塔系数)。

普通股资本成本等于无风险投资报酬率加上风险系数调整后的风险溢酬。风险系数越大，资本成本就越高。公式中贝塔系数一般以公司历史的风险收益为基础或以预测的风险收益为基础加以确定。在国外，一些大公司股票的贝塔系数一般由专职的公司计算并加以公布。

(5)留存收益资本成本。

企业利用留存收益筹资无须发生筹资费用。留存收益是企业税后净利形成的，是一种所有者权益。留存收益资本成本的计算与普通股成本的计算相同，也分为股利增长模型法和资本资产定价模型法，不同点在于留存收益资本成本不考虑筹资费用。

2) 综合资本成本

对大多数企业而言，资本均是通过多种方式筹集的，因此需要计算综合资本成本，计算公式及解析详见本书第 3 章。

6.3.2 企业价值评估方法

1. 成本法

成本法是企业价值评估最基本的一种方法，它的评估流程是：第一，评估重新购买企业所有资产所需的支出；第二，考量企业的全部资产已发生的所有贬值情况，将其从重新购买的支出中去除，由此算出企业资产的价值；第三，用算出的全部资产的价值扣除全部负债的价值，由此算出所有的股权价值。运用成本法的前提条件是：第一，被评估的全部资产都必须可以连续使用；第二，重新购买被评估的全部资产所需的支出能够比较容易地获知。成本法的评估结果为公允价值或者清算价值。

成本法的优点是：操作容易，评估所需的支出少，评估出的价值较客观；评估出的价值的合理性能够较快地予以检验与核实，因此更能被人们接纳和理解。成本法的缺点是：该方法的评估结果为企业的静态价值，忽视了企业将来的发展趋势与获利能力；该方法也没有将企业拥有的无形资产考虑在内，因此企业整体的获利能力没有得到体现。该方法适用于评估存在较多的有形资产和较少的无形资产的企业、非营利性组织，以及处于亏损边缘的企业的清算价值，通常来说需要与其他的方法综合使用。

2. 市场法

市场法的评估流程是：参考几个和目标企业类似的企业，通过分析目标企业与参考企业的一些财务指标，由此修整参考企业的市价，最后得出目标企业的价值。运用市场法的前提条件是：存在一个活跃的、成熟的资本市场，在资本市场上存在相当多的可比企业的交易案例。市场法的评估结果为市场价值。

市场法的优点是：可以相对客观与直观地反映当前的市场状况，容易操作与应用，可以快速地评估出企业的价值。市场法的缺点是：我国当前的股票市场没有足够的成熟与公开，不存在足够多的可用企业案例，基本上不存在完全相同的可比企业。此外，我国资本市场存在数据严重失真的情况，这使想要收集真实的数据与信息比较困难。该方法适用于资本市场足够成熟，经营和发展相对稳定，存在可比对象的企业。

3. 实物期权法

实物期权法是站在股东的立场，将企业的基本资产看作企业的全部资产，将企业负债的价值看作执行价格，由此将企业的价值看作一项企业拥有的看涨期权，根据期权的原理对企业进行价值的评估。运用实物期权法的前提条件是：存在一个活跃的、成熟的资本市场，在市场上可以获取较为客观真实的数据和信息。实物期权法的评估结果为期权价值。

实物期权法的优点是：该方法可用来评估企业存在的管理上的灵活性，由此可以对其他评估方法进行改善，从而使得评估结果更加的准确；该方法可反映市场经济现状和环境的改变。实物期权法的缺点是：因为很多企业的发展与情况都不具备实物期权的特性，因此该方法的适用性较低，应用起来有一定的难度。该方法适用于存在较多不确定性的因素，在管理方面需要灵活应对的企业，特别适用于评估并购活动中产生的协同效应的价值。

4. 收益法

收益法看重的是企业将来的经济收益，它首先预估出企业将来的收益，然后用合理的折现率进行折现，再依据折现值确定企业的价值。运用收益法的前提条件是：企业可以持续地发展，其在未来期间的收益和折现率都可以得到较为合理的预测。收益法的评估结果为内在价值。

收益法的优点是：该方法可以体现企业将来的获利能力及将要面临的风险，可以降低舞弊行为对价值评估的影响。收益法的缺点是：该方法的主观性较强，企业未来的收益与折现率等难以得到可靠的预测。该方法适用于未来可以持续经营、能够获取收益，并且未来的收益与收益率都能够得到准确预测的企业。据统计，约有超过一半的企业采用收益法进行价值评估，而且，绝大多数学者认为收益法是一种较为科学和成熟的评估方法。

6.4 案例参考答案

（1）综合资本成本是企业价值评估的基础，根据案例的背景资料计算碧水源公司2011年至2015年的综合资本成本。

① 碧水源公司2011年至2015年的权益资本成本计算表见表6-8。

表6-8 碧水源公司的权益资本成本计算表

年份	2011年	2012年	2013年	2014年	2015年
$K_f(\%)$	5.75	5.71	5.41	5.41	5.32
$K_m-K_f(\%)$	9.54	7.86	7.76	7.30	6.90
β	0.68	0.67	0.87	0.76	0.82
$K_e(\%)$	12.25	11.00	12.16	10.93	10.97

② 碧水源公司2011年至2015年的加权平均资本成本计算表见表6-9。

表6-9 碧水源公司的加权平均资本成本计算表

年份	2011年	2012年	2013年	2014年	2015年
债务资本成本（税后）(%)	5.58	0	5.25	4.99	4.08
债务资本成本占比(%)	2.87	0	17.65	22.72	7.40
权益资本成本(%)	12.25	11.00	12.16	10.93	10.97
权益资本成本占比(%)	97.13	100	82.35	77.28	92.60
综合资本成本(%)	12.06	11.00	10.94	9.58	10.46

(2) 企业预期收益的预测一般分为两个阶段：高速增长期和永续增长期。根据案例的背景资料及公司的财务报告数据，采用两阶段法，并利用(1)计算的结果，对碧水源公司的企业价值进行评估。

① 碧水源公司高速增长期自由现金流量现值计算表见表6-10。

表6-10 碧水源高速增长期自由现金流量现值计算表

年份	2016年	2017年	2018年	2019年	2020年	合计
自由现金流量（百万元）	1 377.88	1 593.33	1 815.28	2 070.57	2 364.14	
折现系数	0.91	0.82	0.74	0.67	0.61	
自由现金流量现值（百万元）	1 253.87	1 306.53	1 343.31	1 387.28	1 442.13	6 733.12

② 碧水源公司永续增长期自由现金流量现值计算表见表6-11。

表6-11 碧水源公司永续增长期自由现金流量现值计算表

2020自由现金流量（百万元）	折现系数	永续增长率	自由现金流量现值（百万元）
2 364.14	0.61	8%	63 312.82

③ 碧水源公司的企业价值。

企业价值＝高速增长期自由现金流量现值＋永续增长期自由现金流量现值
＝6 733.12＋63 312.82
＝70 045.94（百万元）

$$企业的股权价值 = 70\,045.94 - 4\,279.03$$
$$= 65\,766.91(百万元)$$

(用计算得出的碧水源公司的企业价值,减掉2015年的负债总额4 279.03百万元)

碧水源公司在2015年年底的每股价值:

$$每股价值 = (70\,045.94 - 4\,279.03)/1\,229.46$$
$$= 65\,766.91/1\,229.46$$
$$= 53.49(元/股)$$

碧水源公司评估基准日股价为每股 51.77 元。评估结果和碧水源公司真实的平均股价做对比,股价低 3.32%。中国的资本市场还不是一个绝对有效的市场,评估出的企业的每股价值比股票市场价值略低,由此可见,对碧水源公司的评估结果是有效的。

第三部分　扩展阅读篇

第 7 章　吉林敖东应收账款管理
第 8 章　美的公司财务分析
第 9 章　佛山照明现金股利政策
第 10 章　北京君正公司估值分析
第 11 章　北京中关村中技服务集团的投融资服务
第 12 章　中国知识产权质押融资模式创新

第7章
吉林敖东应收账款管理

7.1 案例背景

吉林敖东药业集团股份有限公司的前身是1957年成立的国营延边敦化鹿场,于1981年建立延边敖东制药厂,1993年3月改制为吉林敖东药业集团股份有限公司(以下简称"吉林敖东"),1996年10月28日在深交所挂牌上市。公司业务涉及现代中药、生物化学药和植物化学药领域。"敖东"商标1999年被国家工商总局认定为中国驰名商标,公司主导产品"安神补脑液""血府逐瘀口服液""利脑心胶囊"等多年来一直保持省优、部优和中国中药名牌产品称号。公司为广发证券股份有限公司的股东,截至2018年11月30日,公司持有广发证券境内上市内资股(A股)股份1 252 297 867股、境外上市外资股(H股)股份41 026 000股,持股占广发证券总股本的16.970 3%,公司实力雄厚。

医药行业的特点是投入高、风险大。中国已经成为世界第二大医药市场,随着居民越来越重视健康与养生,以及国家在医疗领域投入的加大,我国医药制造行业发展迅速,行业分化也越来越明显,未来医药制造行业仍会保持增长态势。根据国家统计局数据,整理出2012—2016年我国医药制造行业的有关数据,包括应收账款总额、应收账款增长率、流动资产与营业收入的总额、营业收入增长率、应收账款占流动资产与营业收入的比重、应收账款周转率和应收账款周转天数,具体见表7-1。

表7-1 2012—2016年医药制造行业应收账款情况表

年份	2012年	2013年	2014年	2015年	2016年
应收账款总额(亿元)	1 844.83	2 233.95	2 584.78	2 950.60	3 373.80
应收账款增长率(%)	22.51	21.09	15.70	14.15	14.32
流动资产总额(亿元)	8 691.13	9 965.17	11 496.53	13 040.47	15 119.30
营业收入总额(亿元)	17 337.67	20 484.22	23 350.33	25 729.53	28 206.11
营业收入增长率(%)	19.39	18.15	13.99	10.19	9.63
应收账款占流动资产比重(%)	21.23	22.42	22.48	22.63	22.31
应收账款占营业收入比重(%)	10.64	10.91	11.70	11.47	11.96
应收账款周转率	9.40	9.17	9.03	8.72	8.36
应收账款周转天数(天)	38.30	39.26	40.09	41.28	43.06

从表 7-1 可以看出，医药制造行业的应收账款规模不断增大，但应收账款增速有所降低。

应收账款占流动资产的比值整体呈上升趋势。该比值越大，表明公司内部可使用的流动资金就越少。同时应收账款占营业收入的比重也在不断增加，该比重代表了企业销售收入中赊销所占的比重。该比值越高，表明销售收入收不回的可能性越大。结合营业收入增长率与应收账款增长率对比分析来看，医药制造行业中营业收入中有相当一部分是由赊销带来的，且赊销的部分越来越大。

医药制造行业的应收账款周转率在不断下降，周转率下降说明企业放宽了信用政策，延长了收款时间或是对拖欠账款催收不利，形成了坏账。应收账款周转天数超过 30 天，加大了坏账风险。

吉林敖东 2012—2016 年应收账款情况见表 7-2。

表 7-2　2012—2016 年公司应收账款情况表

年份	2012 年	2013 年	2014 年	2015 年	2016 年
应收账款总额(亿元)	15 290.77	21 869.02	26 018.89	35 314.88	44 346.34
应收账款增长率(%)	19.35	43.02	18.98	35.72	33.51
流动资产总额(亿元)	201 728.81	259 222.94	291 632.95	315 682.24	323 953.18
营业收入总额(亿元)	144 546.32	195 686.12	224 009.93	233 476.08	273 669.71
营业收入增长率(%)	35.38	14.47	4.26	17.21	8.77
应收账款占流动资产比重(%)	7.58	8.44	8.92	11.19	13.69
应收账款占营业收入比重(%)	10.58	11.18	11.62	15.13	16.20
应收账款周转率	9.54	8.95	8.61	6.61	6.17
应收账款周转天数(天)	37.74	40.22	41.81	54.46	58.35

7.2　应收账款总额分析

1. 趋势分析

吉林敖东 2012—2010 年公司应收账款情况见表 7-3。

表 7-3　2012—2016 年公司应收账款情况表

年份	2012 年	2013 年	2014 年	2015 年	2016 年
应收账款总额(亿元)	15 290.77	21 869.02	26 018.89	35 314.88	44 346.34
应收账款增长率(%)	19.35	43.02	18.98	35.72	33.51

从表 7-3 可以看出，在 2012—2016 年间公司应收账款的总额增长了 2 倍，增长速率很快。应收账款规模不断加大会从账面上增加公司的营业收入和利润，但这部

分资金公司并未实际收到,只是夸大了企业经营效益,而且应收账款的增加会降低资产的流动性。

2. 行业比较分析

通过对比公司与行业的应收账款增长率(详见表7-4和图7-1),可以发现吉林敖东的应收账款增长率整体上呈上升趋势,但波动幅度较大。总体上来讲,医药制造行业的应收账款变动趋势较为平缓,而且呈下降趋势。面对公司应收账款增长过快的问题,公司应有意识的控制应收账款规模,加强对应收账款的管理。

表7-4 2012—2016年公司与行业应收账款增长率比较表

年份	2012年	2013年	2014年	2015年	2016年
公司应收账款增长率(%)	19.35	43.02	18.98	35.72	33.51
行业应收账款增长率(%)	22.51	21.09	15.70	14.15	14.32

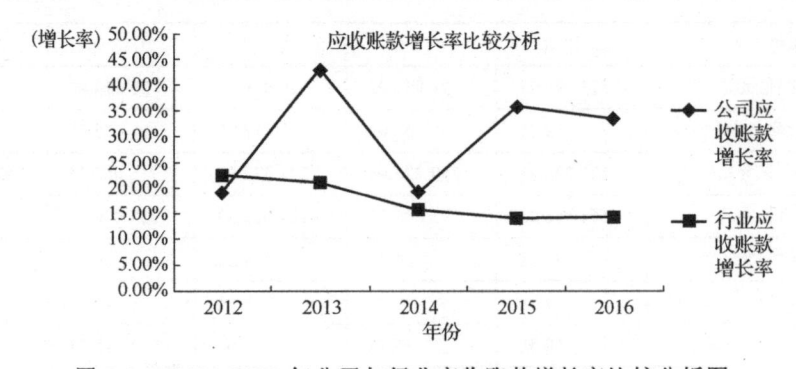

图7-1 2012—2010年公司与行业应收账款增长率比较分析图

7.3 应收账款增长率与营业收入增长率对比分析

1. 趋势分析

吉林敖东2012—2016年公司应收账款增长率与营业收入增长率对比情况,见表7-5。

表7-5 2012—2016年公司应收账款增长率与营业收入增长率对比表

年份	2012年	2013年	2014年	2015年	2016年
公司应收账款增长率(%)	19.35	43.02	18.98	35.72	33.51
公司营业收入增长率(%)	35.38	14.47	4.26	17.21	8.77

从表7-5可以看出,公司在2013—2016年间应收账款的增长率高于营业收入的增长率。应收账款的增长会带来营业收入的增长,通过应收账款增长率与营业收入增长率比较分析可判断企业的经营状况。一般来说,应收账款与营业收入存在一定

的正相关关系，在较好的经营状况下，应收账款的增长率往往小于营业收入的增长率。当应收账款增长率大于营业收入增长率时，说明营业收入中的大部分属于赊销，资金回笼较慢，企业的资金利用效率有所降低，影响到了企业的资产质量，从而加大了经营风险，应收账款的变现速度仍有待加强。从图7-2可知，吉林敖东2012年的公司应收账款增长率低于营业收入增长率，说明经营状况较好，但2013年至2016年应收账款的增长率大于营业收入的增长率，说明公司在2013年至2016年间赊销取得的销售收入占比较大。

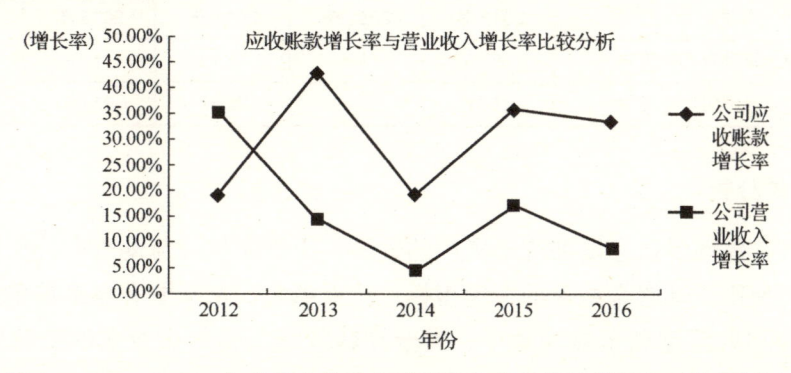

图 7-2　2012—2016年公司应收账款增长率与营业收入增长率对比分析图

2. 行业比较分析

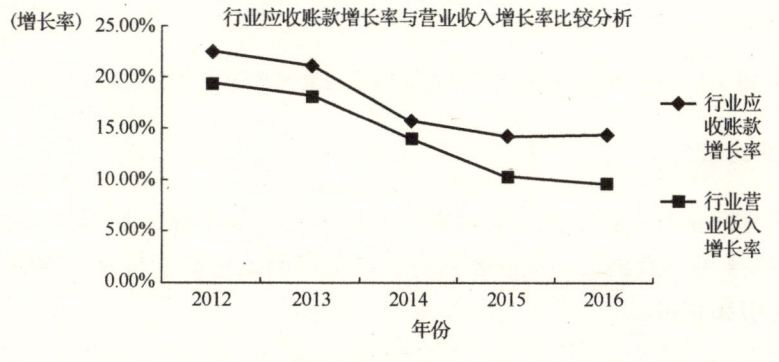

2012—2016年行业应收账款增长率与营业收入增长率对比情况见表7-6。

表 7-6　2012—2016年行业应收账款增长率与营业收入增长率对比表

年份	2012年	2013年	2014年	2015年	2016年
行业应收账款增长率(%)	22.51	21.09	15.70	14.15	14.32
行业营业收入增长率(%)	19.39	18.15	13.99	10.19	9.63

由图7-3可知，行业应收账款的增长率与营业收入的增长率的变动趋势一致，因此与行业相比，公司资金回笼较慢，公司面临较大的经营风险，应收账款变现速度有待加强。

图 7-3　2012—2016年行业应收账款增长率与营业收入增长率对比分析图

7.4 应收账款结构分析

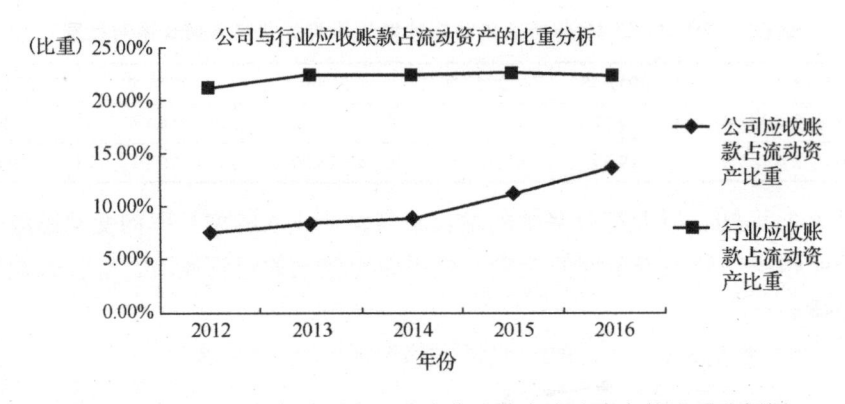

2012—2016年公司与行业应收账款占流动资产的比重对比分析情况见表7-7。

表7-7 应收账款占流动资产的比重对比分析表

年份	2012年	2013年	2014年	2015年	2016年
公司应收账款占流动资产比重(%)	7.58	8.44	8.92	11.19	13.69
行业应收账款占流动资产比重(%)	21.23	22.42	22.48	22.63	22.31

1. 横向分析

应收账款数额增加会增加流动资产的数额，应收账款占流动资产的比重是衡量企业内部可使用流动资金数量的关键指标，比重越大，意味着有越来越多的资金被占用，可使用的流动资金越来越少，资金周转较慢，会加大企业的经营风险。从图7-4中可以看出公司应收账款占流动资产的比重在30%以内，但是该比值呈上升的趋势，2016年的比值与2012年的相比增加了81%，这会对公司资金的流动性产生影响。

图7-4 2012—2016年公司与行业应收账款占流动资产的比重分析图

2. 行业比较分析

医药制造行业的应收账款占流动资产的比值变化很平缓，且有下降趋势，分析表7-7和图7-4可以看出公司应收账款占流动资产的比重低于行业平均值，但增长速度较快，应引起重视。

7.5 应收账款账龄分析

吉林敖东 2012—2016 年公司应收账款账龄分析见表 7-8。

表 7-8　2012—2016 年公司应收账款账龄分析表

账龄	2012 年 金额（万元）	比例（%）	2013 年 金额（万元）	比例（%）	2014 年 金额（万元）	比例（%）	2015 年 金额（万元）	比例（%）	2016 年 金额（万元）	比例（%）
1 年以内	15 551.87	96.26	26 351.98	93.87	26 226.09	95.43	34 645.89	92.86	43 168.81	92.16
1～2 年	473.25	2.93	1 482.29	5.28	892.67	3.25	2 302.18	6.17	3 502.89	7.48
2～3 年	55.47	0.34	168.72	0.60	282.55	1.03	284.50	0.76	105.79	0.23
3～4 年	13.11	0.08	2.67	0.01	21.04	0.08	18.39	0.05	8.60	0.02
4～5 年	27.09	0.17	8.88	0.03			1.60			
5 年以上	35.77	0.22	58.41	0.21	58.61	0.21	58.61	0.16	56.12	0.11
合计	16 156.56	100	28 072.95	100	27 480.96	100	37 311.17	100	46 842.21	100

注：表中划线的部分是应收账款数额过小，可以忽略其所占比例。

从表 7-8 可以看出，在 2012—2016 年间公司应收账款中最多的部分是账龄为 1 年以内的应收账款，可见公司应收账款坏账损失风险较小，但是公司应收账款账龄为 1 年以内的应收账款占当年应收账款总额的比重呈下降趋势，账龄 3 年以内的应收账款数额越来越多，应收账款账龄增长，会加大公司的坏账损失风险。另外，从表中可以看出，账龄 5 年以上的应收账款占当年应收账款总额的比重越来越小。一般认为，5 年以上的应收账款成为坏账的可能性较大，这部分应收账款的比重越来越小，说明企业减小了一定的坏账损失。

7.6 应收账款坏账分析

吉林敖东公司坏账准备分析见表 7-9。

表 7-9　公司坏账准备分析表

账龄	应收账款计提准备（%）
1 年以内(含 1 年)	5.00
1～2 年	8.00
2～3 年	10.00
3～4 年	20.00
4～5 年	50.00
5 年以上	80.00

公司应收账款采取账龄分析法计提坏账准备，公司的计提坏账准备与同行业其他公司相比较小。例如，天力士制药集团股份有限公司的坏账准备计提比例 1～2 年为 30%，2～3 年 50%，3 年以上为 100%；瑞康医药股份有限公司的坏账准备计提

比例1~2年为10%，2~3年为30%，3年以上为100%；仁和药业股份有限公司的坏账准备计提比例3~4年为30%，4~5年为80%，5年以上为100%。较少的坏账计提比例政策不符合会计处理的谨慎性原则。一般来说，拖欠时间越长的应收账款，企业进行催收要耗费的人力和财力越多，即收账成本越高，应收账款收不回的风险越高。账龄越长则其变现能力越弱，越容易降低资产的质量。

7.7 应收账款周转率分析

2012—2016年公司与行业应收账款周转率对比分析见表7-10。

表7-10　2012—2016年公司与行业应收账款周转率对比分析表

年份	2012年	2013年	2014年	2015年	2016年
公司应收账款周转率	9.54	8.95	8.61	6.61	6.17
行业应收账款周转率	9.40	9.17	9.03	8.72	8.36

1. 横向分析

应收账款周转率是评估企业收回应收账款周期的重要指标，这个比率可用于评价应收账款的质量。应收账款周转率越高，说明应收账款收回速度越快。反之，若应收账款周转率越低，应收账款回收速度也就越慢。公司如果不能及时收回应收账款，就会降低营运资金的使用效率，影响企业的偿债能力。2012—2016年间公司的应收账款周转率呈下降的趋势，而且下降趋势越来越明显，这说明应收账款周转天数越来越长，公司的回款速度减缓，同时应收账款在流动资产中所占比重越来越大，说明应收款项的机会成本也越来越大。

2. 行业比较分析

通过图7-5可知，医药制造行业应收账款周转率也是呈逐渐下降趋势的，但是降低速度比较平缓，2014年行业应收账款周转率高于公司应收账款周转率，2015年与2016年公司应收账款周转率与行业相比差距拉大，表明公司收回账款的速度低于行业平均水平，若公司的应收账款不能及时收回，公司会面对较大的经营风险。

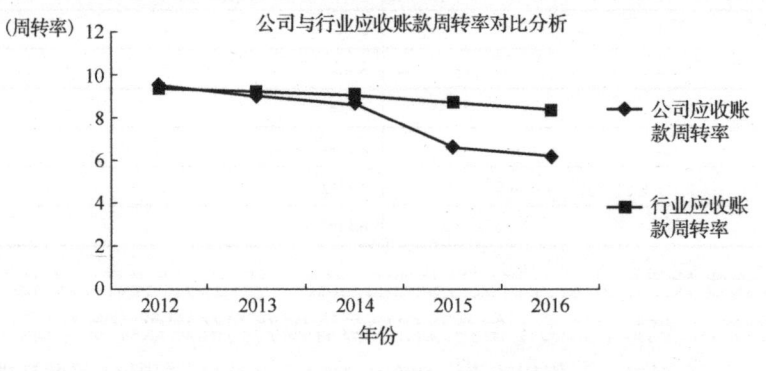

图7-5　2012—2010年公司与行业应收账款周转率对比分析图

7.8 案例小结

在 2012—2016 年间，吉林敖东的应收账款规模不断加大，且增长速度高于行业平均值，同时应收账款增长速度高于营业收入增长速度，应收账款占流动资产的比重也快速上升，应收账款的账龄逐渐变长，坏账计提准备与同行业的其他企业相比较为宽松，公司应收账款的质量有所下降。这些现象表明公司为扩大药品销售，改变赊销政策，导致企业资产的流动性降低，经营风险加大，因此公司应重视应收账款管理工作。

在竞争激烈的市场经济中，公司做好应收账款的管理工作，不但可以促使公司良性发展，还可以充分利用应收账款来促进销售，增强竞争能力，同时避免由于应收账款的存在而给企业带来的资金周转困难、坏账损失等不利影响。具体措施如下。

1. 重视信用调查

对客户的信用调查是应收账款日常管理的重要内容。公司可以通过查阅客户的财务报表，或根据银行提供的客户信用资料了解客户的信誉、偿债能力、资本保障程度、是否有充足的抵押品或担保和生产经营等方面的情况，确定客户的信用等级，作为决定是否向客户提供信用的依据。

2. 控制赊销额度

控制赊销额度是加强应收账款日常管理的重要手段。公司根据客户的信用等级确定赊销额度，对不同等级的客户给予不同的赊销限额。为了便于日常控制，公司要把已经确定的赊销额度记录在每个客户应收账款明细上，作为资金余额控制的警戒点。

3. 合理的收款策略

应收账款的收账策略是确保应收账款收回的有效措施。当对方不守信用时，公司就应采取有力措施催收账款，如这些措施都无效，则可诉诸法院，通过法律途径来解决。

4. 建立应收账款坏账准备制度

不管公司采用怎样严格的信用政策，只要存在着商业信用行为，坏账损失的发生就是不可避免的。因此，公司要遵循稳健性原则，对坏账损失的可能性预先进行估计，积极建立坏账准备制度，以促进公司健康发展。

第8章
美的公司财务分析

8.1 案例背景

美的集团股份有限公司(以下简称"美的公司")是一家生产消费电器、暖通空调,开发机器人与自动化系统、智能供应链的科技集团,提供多元化的产品种类与服务,包括以厨房家电、冰箱、洗衣机及各类小家电为核心的消费电器业务;以家用空调、中央空调、供暖及通风系统为核心的暖通空调业务;以库卡集团、美的机器人公司等为核心的机器人及自动化系统业务;以安得智联为集成解决方案服务平台的智能供应链业务。其业务与客户迄今已遍及全球。美的公司在世界范围内拥有约200家子公司、60多个海外分支机构。同时,美的公司为全球领先机器人智能自动化公司德国库卡集团最主要的股东。

美的公司成立于1968年,当时仅是一家生产塑料瓶盖的小厂。20世纪80年代进入家电行业,1992年实行内部股份制改造,1993年在深交所上市,成为全国第一家由乡镇企业改制而成的上市公司。1997年美的公司进行事业部改造,建立起规范的现代企业管理体系。2001年,完成管理层收购,政府退出,美的公司由此完全转制为民营企业。2015年,美的公司成为首家获取标普、惠誉、穆迪三大国际信用评级的中国家电企业,评级结果在全球家电行业以及国内民营企业中均处于领先地位。2018年,美的公司连续第三次入榜《财富》世界500强,排名位列323位,较2017年上升127位。

2018年美的公司共实现营业收入2 618.2亿元,同比增长8.23%,雄厚的资金支持保障了公司资金链的完整,便于企业加大研发支出占领市场。并且公司盈利能力强,营业净利率近年来也有了很大幅度的增加,由2013年的6.86%上升为2018年的8.27%,体现出产品具有较强的市场竞争力。公司净利润的稳步上升,体现出企业较强的发展潜力。而公司的货币资金持有量也由2013年的155.74亿元,上升为2018年的278.9亿元。货币资金对于负债的保障力度最强,也是体现企业资金实力的重要指标。在技术资源方面,公司加大了研发力度,积极开展库卡机器人项目,利用库卡开发的软件平台KUKA Connect,可以在任意时间和地点查看机器人的数据，同时使得生产效率得到大幅度提升，并且在人机协作方面，库卡感知系统可以有效降低工作人员和机器人之间的安全围栏。公司还进一步拓展了机器人的应用范围，增强其语音识别功能、人工智能、视觉技术，以及传感技术。智能物流机器人的投入使用，有效提高了仓库的利用率，有效降低了仓库作业的出错率，使得企业能够减少相应的物流成本。

8.2 美的公司主要会计事项分析

会计分析是通过分析重要会计科目的变化趋势，以及产生变化的原因，说明重要会计科目的变化对于企业经营情况、财务状况的影响。从美的公司的资产组成中不难看出，存货、应收账款，以及固定资产在公司总资产中占据了比较大的比例，是重要的会计科目。

8.2.1 存货质量分析

美的公司的存货由库存商品、原材料、委托加工物资，以及在产品组成。存货发出时的成本按先进先出法核算，存货按取得成本进行初始计量。在资产负债表日，公司的存货成本是按照成本与可变现净值孰低来计量的。美的公司 2013—2017 年存货明细见表 8-1。

表 8-1 美的公司 2013—2017 年存货明细表　　　　单位：亿元

项目	2013 年	2014 年	2015 年	2016 年	2017 年
库存商品	1 122 831	1 193 450	823 361	1 194 378	1 762 571
原材料	281 929	245 351	164 863	285 200	568 013
在产品	77 821	39 233	50 445	79 266	204 063
委托加工物资	47 799	37 693	19 401	23 563	22 184
低值易耗品	341	84	20	521	5 937
已完工未结算	0	0	0	0	402 347
减：存货跌价准备	10 949	13 809	13 197	20 238	20 698
存货账面价值	1 519 772	1 502 002	1 044 893	1 562 690	2 944 417

从表 8-1 可知，公司的存货主要以库存商品、原材料为主，其中库存商品的占比最大，除了在 2015 年有所下降，其余年份都是处于稳步上涨的状态。存货数量下降主要有两个原因：一是公司采取了新的经营手段，减少了空调及其他产品的库存量，同时也降低了公司的仓储成本；二是 2015 年公司的营业收入有所下滑，公司适当减少了存货的储备量。

但从变化的趋势上来看,存货的账面价值是持续上升的。2017年存货账面价值增长幅度较大,由2016年的156.27亿元增涨为294.44亿元,增幅达到了88.42%。2017年存货账面价值大幅增长主要受当年营业收入大幅度提升的影响:2017年公司的网络销售额突破400亿元,同比增长率超过了70%。2017年营业收入的增加使公司的存货数量也相应增加。

8.2.2 应收账款质量分析

应收账款是指企业对外销售商品、材料,以及提供劳务而应向购货方或接受劳务方收取的款项。在市场竞争日益激烈的情况下,赊销是促进销售的一种重要方式。企业赊销实际上是向顾客提供了两项交易:既向顾客销售产品又在一个有限的时期内向顾客提供资金。赊销对顾客来说是十分有利的,所以顾客在一般情况下都会选择赊购。赊销具有比较明显的促销作用,对企业销售新产品、开拓新市场具有重要的意义。企业持有一定产成品存货时,会相应地占用资金,形成仓储费用、管理费用等,而赊销则可避免产生这些成本。当企业的产成品存货较多时,一般会采用优惠的信用条件进行赊销,将存货转化为应收账款,节约相关开支。但是应收账款会增加企业的经营风险,由于各种原因,在应收账款中总有一部分不能收回,形成呆账、坏账,直接影响企业的经济效益。对应收账款管理,其根本任务就在于制定合理的信用政策,降低成本,最大限度地降低应收账款的风险。

1. 应收账款类别分析

美的公司应收账款类别分析见表8-2。

表8-2 美的公司2017年应收账款类别分析表

种类	账面金额 金额(亿元)	账面金额 比例(%)	坏账 金额(亿元)	坏账 计提比例(%)
单项金额重大并单独计提坏账准备的应收账款	0.32	0.18	0.07	21.88
按组合计提坏账准备的应收账款	180.80	98.20	8.68	4.80
单项金额不重大但单独计提坏账准备的应收账款	2.98	1.62	0.07	2.34
合计	184.10	100	8.82	4.79

公司的应收账款主要分为三个部分:一是单项金额重大的应收款项,由于单项金额较大,必须根据其具体情况,单独计提坏账准备,而且这部分的坏账比例较高,达到了21.45%,所以需要引起重视,并在每年年末进行减值测试;二是按组合计提坏账准备的应收账款,这部分在公司2017年的应收账款中所占比例最大,达到了98.20%;三是单项金额不重大但需要单独计提坏账准备的应收账款,这部分的坏账比例最低,仅为2.23%。

2. 应收账款账龄分析

美的公司2017年应收账款账龄分析见表8-3(按组合计提坏账准备的应收账款)。

表8-3 美的公司2017年应收账款账龄分析表

账龄	金额(万元)	比例(%)	计提的坏账准备(万元)	计提比例(%)
1年以内	1 769 355	97.86	67 385	3.81
1~2年	19 149	1.06	5 925	30.94
2~3年	10 199	0.57	6 131	60.11
3~5年	5 789	0.32	3 859	66.66
5年以上	3 480	0.19	3 480	100
合计	1 807 972	100	86 780	4.80

公司2017年的应收账款主要以一年以内到期的应收账款为主,占比为97.86%,可见公司的应收账款质量较高,经营风险较小。

3. 应收账款趋势分析

美的公司应收账款的趋势分析情况见表8-4。

表8-4 美的公司2013—2017年应收账款趋势分析表

项目	2013年	2014年	2015年	2016年	2017年
应收账款期初净额(亿元)	98.65	79.28	93.62	103.72	134.55
应收账款期末净额(亿元)	79.28	93.62	103.72	134.55	175.29
应收账款增长率(%)	-19.64	18.09	10.79	29.72	30.28
平均应收账款余额(亿元)	88.97	86.45	98.67	119.14	154.92
坏账准备年末余额(亿元)	5.40	6.91	6.07	7.44	8.81
坏账计提比率(%)	6.38	6.87	5.53	5.24	4.79
上年营业收入(亿元)	1 025.98	1 209.75	1 416.68	1 384.41	1 590.44
本年营业收入(亿元)	1 209.75	1 416.68	1 384.41	1 590.44	2 407.12
营业收入增长率(%)	17.91	17.11	-2.28	14.88	51.35
应收账款周转率	13.60	16.39	14.03	13.35	15.54
应收账款周转天数(天)	26.47	21.96	25.66	26.97	23.17

公司在2013年至2017年应收账款逐年增加,2017年应收账款的增幅达到30.28%。应收账款规模的扩大,在给公司带来销售业绩的同时,也加大了公司的回款压力,需要引起重视。

2014年至2016年,公司应收账款的增长幅度大于收入的增长幅度,这表示在这3年,公司的营业收入中赊销的比例有所提升。2017年应收账款的增长率为30.28%,

收入的增长率为 51.35%，这表示在 2017 年公司的营业收入中赊销的比例有所下降，能够减小公司的回款压力。

从应收账款周转天数来看，基本稳定在 20 天以上，其中 2014 年的应收账款周转天数比较短，只有 21.96 天，2017 年次之，为 23.17 天。2017 年的应收账款收回的速度比较快，而且明显优于 2015 年和 2016 年的回款速度。回款速度越快，发生坏账的风险也就越低。

从坏账准备的计提比例来看，2013 年和 2014 年的计提比例较高，分别为 6.38% 和 6.87%。自 2015 年起，坏账准备的计提比例明显下降，2015 年为 5.53%，这是由于企业在 2015 年转回了 87 005 000 元坏账准备。另外，2016 年和 2017 年转回的坏账准备金额分别为 58 148 000 元和 160 811 000 元。而且近年来公司无重大逾期应收账款，公司对于应收账款的管理较好。

8.2.3 固定资产质量分析

固定资产主要包括房屋及建筑物、机器设备、运输工具等，其中房屋及建筑物和机器设备所占金额的比例较高。公司固定资产折旧采用年限平均法，并在每年年末进行减值测试。

2017 年美的公司各项固定资产的预计使用寿命及年折旧率分析见表 8-5。

表 8-5 美的公司 2017 年固定资产的预计使用寿命及年折旧率分析表

类别	预计使用寿命	预计净残值率	年折旧率
房屋及建筑物	15～60 年	0～10%	1.5%～6.7%
机器设备	2～18 年	0～10%	5.0%～50%
运输工具	2～20 年	0～10%	4.5%～50%
电器设备及其他	2～20 年	0～10%	4.5%～50%

美的公司固定资产折旧及减值情况见表 8-6。

表 8-6 美的公司 2013—2017 年固定资产折旧及减值情况表

项目	2013 年	2014 年	2015 年	2016 年	2017 年
固定资产原值(亿元)	296.54	313.23	316.14	362.11	401.58
减：累计折旧(亿元)	100.57	117.83	128.68	151.36	175.31
减值准备(亿元)	0.25	0.19	0.16	0.19	0.26
固定资产净值(亿元)	195.72	195.21	187.30	210.56	226.01
总资产(亿元)	969.46	1 202.92	1 288.42	1 706.01	2 481.07
固定资产净值/总资产(%)	20.19	16.23	14.54	12.34	9.11
营业收入(亿元)	1 209.75	1 416.68	1 384.41	1 590.44	2 407.12
固定资产净值/营业收入(%)	16.18	13.78	13.53	13.24	9.39

从表 8-6 可以看出，公司的固定资产净值逐年增加，总资产规模也是逐年增加的，总资产的上升幅度明显高于固定资产的上升幅度，所以固定资产净值占总资产的比例表现出下降的趋势。这也说明公司总资产的增加，并不是加大对固定资产投入量而导致的。固定资产净值占收入的比例表现为逐年递减的趋势，由 2013 年的 16.18%下降为 2017 年的 9.39%，可以看出，公司近年来对固定资产的利用效率有所上升。

8.3　美的公司主要财务报表分析

美的公司主要财务报表包括资产负债表、利润表和现金流量表。

8.3.1　资产负债表分析

美的公司资产负债表趋势分析见表 8-7。

表 8-7　美的公司 2015—2017 年资产负债趋势分析表

项目	2015 年	2016 年	2017 年	2017 年结构比(%)	2017 年增长率(%)
流动资产合计(亿元)	933.68	1 206.22	1 698.11	68.44	40.78
非流动资产合计(亿元)	354.74	499.79	782.96	31.56	56.66
资产合计(亿元)	1 288.42	1 706.01	2 481.07	100	45.43
流动负债合计(亿元)	720.04	891.84	1 190.92	72.10	33.54
非流动负债合计(亿元)	8.06	124.40	460.90	27.90	270.5
负债合计(亿元)	728.10	1 016.24	1 651.82	100	62.54
所有者权益合计(亿元)	560.32	689.77	829.25	100	20.22

从表 8-7 可以看出，公司的资产总额表现为上升的趋势，从 2015 年至 2017 年两年内资产总额增加了近 1 倍，2017 年资产增长率达到 45.43%，公司资产规模得到了较大幅度的扩张。

2017 年公司的流动资产占总资产的份额为 68.44%，而且流动资产在当年的增长率达到了 40.78%，公司流动资产的增长速度比较快，对资产总额的影响较大。流动资产的增长，意味着资产的流动性变强，有利于增强公司的偿债能力。

公司负债的金额也表现出上升的趋势，且在 2017 年公司负债增加的幅度远远大于资产增加的幅度，尤其是在 2017 年非流动负债的增加幅度已经达到了 270.5%。公司的负债以流动负债为主，占比 72.10%。流动负债所占的比例过高，金额过大，导致公司的经营风险有所加大。公司应该制定出合理的负债持有比例，在充分利用财务杠杆的同时，也要考虑所能承受的经营风险，过高的负债比例，会增加公司的还款压力，尤其是流动负债的偿还期限较短，如果企业资金短缺，很难偿还大额的短期负债。

美的公司流动资产结构的变化趋势见表 8-8。

表 8-8 美的公司 2015—2017 年流动资产结构变化分析表

项目	2015 年	增长率(%)	2016 年	增长率(%)	2017 年	增长率(%)
货币资金(亿元)	118.62	91.23	171.96	44.97	482.74	180.73
存货(亿元)	104.49	−30.43	156.27	49.55	294.44	88.42
应收账款(亿元)	103.72	10.79	134.55	29.72	175.29	30.28
发放贷款和垫款(亿元)	66.09	11.24	102.73	55.44	121.79	18.55
其他流动资产(亿元)	540.76	8.37	640.7	18.48	623.85	−2.63
流动资产合计(亿元)	933.68	8.03	1 206.21	29.19	1 698.11	40.78
资产合计(亿元)	1 288.42	7.11	1 706.01	32.41	2 481.07	45.43

从表 8-8 可以看出，2015 年至 2017 年，公司货币资金的增长幅度最大，2017 年的增长率已经达到了 180.73%。货币资金的大幅度增长增强了公司的偿债能力。存货的增长幅度也比较大，在 2017 年达到了 88.42%，这是由于公司近年来营业收入增加，导致存货的数量也随之有所增长。

美的公司非流动资产结构的变化趋势见表 8-9。

表 8-9 美的公司 2015—2017 年非流动资产结构变化分析表

项目	2015 年	增长率(%)	2016 年	增长率(%)	2017 年	增长率(%)
长期股权投资(亿元)	28.88	203.36	22.12	−23.41	2 624	18.63
固定资产(亿元)	187.30	−4.06	210.57	12.42	226.01	7.33
无形资产(亿元)	33.92	−1.17	68.69	102.51	151.67	120.80
商誉(亿元)	23.93	−18.38	57.31	139.49	289.04	404.34
其他非流动资产(亿元)	80.71	14.86	141.1	74.82	90	−36.22
非流动资产合计(亿元)	354.74	4.75	499.79	40.82	782.96	56.66
资产合计(亿元)	1 288.42	7.11	1 706.01	32.41	2 481.07	45.43

从表 8-9 可以看出，公司无形资产大幅增加，2017 年的增幅达到 120.80%，主要因为公司在 2017 年通过并购的方式，增加了公司的专利权、非专利技术，以及商标权。另外，公司商誉的增加幅度也很大，2017 年的增幅达到了 404.34%，商誉的大幅增加主要是因为公司购买库卡集团的股权。

美的公司负债结构的变化趋势见表 8-10。

表 8-10 美的公司 2015—2017 年负债结构变化情况表

项目	2015年	增长率(%)	2016年	增长率(%)	2017年	增长率(%)
短期借款(亿元)	39.21	−21.50	30.24	−22.88	25.84	−14.55
应付票据(亿元)	170.79	44.31	184.85	8.23	252.08	36.37
应付账款(亿元)	174.49	−26.88	253.57	45.32	351.45	38.60
预收账款(亿元)	56.16	16.23	102.52	82.55	174.09	69.81
其他流动负债(亿元)	287.45	−29.67	320.66	11.55	387.46	20.83
流动负债合计(亿元)	720.04	−11.39	891.84	23.86	1 190.92	33.54
长期借款(亿元)	0.9	350	22.54	2 404.44	329.86	1 363.44
其他非流动负债(亿元)	7.16	−48.78	101.86	1 322.63	131.04	28.65
非流动负债合计(亿元)	8.06	−43.16	124.40	1 443.42	460.90	270.50
负债合计(亿元)	728.10	−17.51	1 016.24	39.57	1 651.82	62.54

从表 8-10 可以看出，在流动负债中，预收账款的增加幅度比较大，由 2015 年的 56.16 亿元上升为 2017 年的 174.09 亿元，这是由于公司近年来的营业收入不断上升，导致公司的预收账款也随之上升。另外，公司的应付账款上升幅度也较大，2017 年的增加率为 38.60%。应付账款的上升，主要发生在原材料的采购环节。公司作为大型家电企业，对于产品原材料的需求量一直很大，而且近年来公司营业收入增加、存货增加，加大了对原材料的需要量，导致了公司应付账款的逐年上升。

在公司的非流动负债中，长期借款增加明显，由 2016 年的 22.54 亿元上升为 2017 年的 329.86 亿元。导致公司长期借款大幅度增加，债务偿还压力增大的主要原因是公司在 2017 年用长期借款购买了库卡集团 81.04%的股权。

8.3.2 利润表分析

美的公司利润趋势分析见表 8-11。

表 8-11 美的公司 2013—2017 年利润趋势分析表

项目	2013年	2014年	2015年	2016年	2017年
营业收入(亿元)	1 209.75	1 416.68	1 384.41	1 590.44	2 407.12
营业成本(亿元)	928.18	1 056.70	1 026.63	1 156.15	1 804.61
税金及附加(亿元)	6.10	8.10	9.11	10.77	14.16
销售费用(亿元)	124.32	147.34	148.00	176.78	267.39
管理费用(亿元)	67.33	74.98	74.42	96.12	147.80
财务费用(亿元)	5.64	2.51	1.39	−10.06	8.16
资产减值损失(亿元)	1.23	3.50	0.05	3.81	2.69
投资收益(亿元)	9.98	15.11	20.11	12.86	18.30

续表

项目	2013年	2014年	2015年	2016年	2017年
营业利润(亿元)	93.24	134.51	149.17	173.24	216.28
利润总额(亿元)	100.12	139.91	160.51	189.15	218.55
所得税费用(亿元)	17.14	23.44	24.27	30.53	32.44
净利润(亿元)	82.98	116.47	136.24	158.62	186.11
归属母公司所有者净利润(亿元)	53.17	105.02	127.07	146.84	172.84
基本每股收益(元)	1.73	2.49	2.00	2.29	2.66
稀释每股收益(元)	1.73	2.49	1.99	2.28	2.63

从表 8-11 可以看出，公司近年来营业收入不断上升，收入的增加带动了营业成本及相关费用的增加。营业成本的增加主要是由原材料价格上升导致的，钢、铜等材料是公司产品的主要原材料，近几年来钢、铜等材料的价格不断上升，因此公司营业成本也就逐年上升。

在相关费用中，销售费用所占比例最大。销售费用主要由维修安装费、宣传促销费、运输及仓储费、职工薪酬费用，以及租赁费组成。2017 年公司销售费用显著增加，主要有两个原因：一是公司 2017 年的营业收入明显增加，从而引起相关销售费用也随之增加；二是 2017 年公司并购了库卡集团和东芝集团，也使销售费用有所增加。管理费用的数额也比较大，公司的管理费用增长有两个原因：一是公司推出了四期股权激励计划、一期限制性股票激励计划和三期高层"合伙人"持股计划；二是公司在 2017 年并购了库卡集团和东芝集团，导致其管理费用有明显的上升。财务费用在 2016 年表现为负数，是因为在 2016 年公司的利息收入明显高于利息支出。

公司净利润是逐年增长的，2017 年的净利润为 186.11 亿元，增幅达到了 17.33%。基本每股收益的上升也体现出公司较好的发展前景，公司的盈利能力在不断增强，为公司未来的发展奠定了坚实的基础。

8.3.3 现金流量表分析

美的公司现金流量趋势分析见表 8-12。

表 8-12 美的公司 2013—2017 年现金流量趋势分析表　　单位：亿元

项目	2013年	2014年	2015年	2016年	2017年
经营活动产生的现金流量净额	100.54	247.89	267.64	266.95	244.43
投资活动产生的现金流量净额	-4.67	-288.62	-179.89	-197.81	-347.40
筹资活动产生的现金流量净额	-53.64	-74.10	-88.77	1.60	196.52
汇率变动对现金及现金等价物的影响	-0.36	-0.76	0.17	2.53	-0.37
现金及现金等价物净增加额	42.20	-114.92	-0.85	73.26	93.18
年末现金及现金等价物余额	52.72	167.64	51.87	125.14	218.32

从表8-12可以看出，近几年公司由经营活动产生的现金流量净额已经稳定在200多亿元，与公司产生的净利润相比，现金流量净额明显高于公司的净利润，可见公司现金流量的充足性与稳定性，公司的现金流量有能力偿还企业的短期借款。但是2017年的长期借款数额达到了329.86亿元，公司的现金流量还不足以支付长期借款。公司需要提前制定出风险防范的措施，留出足够的货币资金偿还长期负债，最大限度地降低公司的经营风险。

从投资活动产生的现金流量来看，2013年至2017年均为负数，公司在投资活动上产生大量的现金支出。2014年公司对顺德农商行进行了投资，并认购小米公司的部分股份。为了进入机器人行业，2015年公司购买安徽埃夫特智能装备公司17.8%的股权，同时购买德国库卡公司10%的股份。2016年公司收购了东芝家电80.1%的股权，2017年又购买库卡集团81.04%的股权。公司最近几年通过认购股权的方式，进军到高科技领域和智能机器人领域，同时也增加了研发投入，建立了20个研究中心，研究人员也超过了上万人。

公司在2013年至2015年由于偿还债务、回购股票和分配股利等，导致现金流出量过大，因此筹资活动产生的现金流量净额在这3年里均为负数。2017年公司吸引投资者进行注资，筹资活动产生的现金流量净额为196.52亿元。

8.4 美的公司主要财务比率分析

8.4.1 盈利能力分析

美的公司盈利能力分析见表8-13。

表8-13 美的公司2013—2017年盈利能力分析表

盈利能力指标	2013年	2014年	2015年	2016年	2017年
营业净利率(%)	6.86	8.22	9.84	9.97	7.73
总资产周转率	1.31	1.30	1.11	1.06	1.15
总资产报酬率(%)	8.99	10.69	10.94	10.59	8.89
股东权益报酬率(%)	22.97	27.46	26.78	25.38	24.50

从表8-13可以看出，公司的营业净利率在2013年至2016年期间均处于上升的状态，而在2017年有明显下降，说明公司的盈利能力在2017年有所下滑，需要引起重视。

公司的总资产周转率在2013年至2017年处于先降后升的趋势，可以看出公司近年来的资产周转速度有所加快，公司资产管理水平有所提升。

总资产报酬率和股东权益报酬率近年来都有所下降，也说明公司的盈利能力有所下降，需要引起重视。

2017 年美的公司的盈利能力与同行业的格力公司和海尔公司的比较分析情况见表 8-14。

表 8-14　2017 年盈利能力行业比较分析

项目	美的公司	海尔公司	格力公司
营业净利率(%)	7.73	5.68	15.18
总资产周转率	1.15	1.13	0.75
总资产报酬率(%)	8.89	6.40	11.33
股东权益报酬率(%)	24.50	21.44	36.98

从表 8-14 可以看出，2017 年，格力公司的营业净利率、总资产报酬率和股东权益报酬率在三家公司中均最高，海尔公司最低，美的公司居中。在同行业比较中，美的公司的盈利能力明显弱于格力公司，但略高于海尔公司。

8.4.2　偿债能力分析

美的公司偿债能力分析见表 8-15。

表 8-15　美的公司 2013—2017 年偿债能力分析表

偿债能力指标	2013 年	2014 年	2015 年	2016 年	2017 年
流动比率	1.15	1.18	1.30	1.35	1.43
速动比率	0.88	0.98	1.15	1.18	1.18
现金比率	0.34	0.13	0.34	0.31	0.41
资产负债率(%)	59.69	61.98	56.51	59.57	66.58

从表 8-15 可以看出，就短期偿债能力而言，公司流动比率的上升加大了对公司流动负债的保障力度，由 2013 年的 1.15 上升为 2017 年的 1.43，速动比率由 2013 年的 0.88 上升为 2017 年的 1.18，可见公司的短期偿债能力在不断上升。从现金比率来看，整体上是上升的趋势，2014 年现金比率有明显下降，这是因为在 2014 年公司的货币资金有所减少。从资产负债率来看，整体上表现为上升趋势，公司的长期偿债能力有所下降，长期偿债风险有所提高。

2017 年美的公司偿债能力行业比较分析见表 8-16。

表 8-16　2017 年偿债能力行业比较分析表

项目	美的公司	海尔公司	格力公司
流动比率	1.43	1.15	1.16
速动比率	1.18	0.87	1.05
现金比率	0.41	0.46	0.68
资产负债率(%)	66.58	69.13	68.91

从表 8-16 可以看出，美的公司的流动比率和速动比率优于海尔公司和格力公司

的流动比率和速动比率，说明美的公司的流动性最强。但是在现金比率中，格力公司的数值最高，海尔公司的数值次之，美的公司的数值最小，说明美的公司的现金储备量明显较小，现金及现金等价物在资产中的变现能力最强，对于公司流动负债的保障力度也最强，因此美的公司需要适当提高现金和现金等价物的储备量，增加企业的短期偿债能力。就资产负债率而言，海尔公司的数值最高，美的公司的数值最低，可以看出，美的公司在长期偿债能力方面优于海尔公司和格力公司。

8.4.3 营运能力分析

美的公司营运能力分析见表 8-17。

表 8-17 美的公司 2013—2017 年营运能力分析表

营运能力指标	2013 年	2014 年	2015 年	2016 年	2017 年
存货周转率	6.99	6.50	8.06	8.87	8.01
应收账款周转率	13.6	16.39	14.03	13.35	15.54
固定资产周转率	6.08	7.25	7.24	7.99	11.03
流动资产周转率	2.00	1.87	1.54	1.49	1.66
总资产周转率	1.31	1.3	1.11	1.06	1.15

从表 8-17 可以看出，公司的存货周转率整体上表现出上升的趋势，2016 年的存货周转最快，说明存货的流动性最强，2014 年的存货周转最慢，说明存货的流动性最差。

应收账款周转率 2014 年最高，2016 年最低，说明公司 2014 年的应收账款周转期最短，应收账款的收款速度最快，应收账款的流动性最强，其发生坏账的可能性也就最小。

固定资产周转率呈现明显上升的趋势，说明公司的固定资产的周转速度有所提升，对固定资产的利用率也有所提升。流动资产周转率 2013 年最高，2016 年最小，说明公司 2013 年的流动资产的周转速度最快，利用率最高。

总资产周转率 2013 年最高，2016 年明显下降，而 2017 年又有所回升，说明公司在 2013 年的资产的周转速度最快，资产的管理水平最高，资产的利用效率最高。

2017 年美的公司的营运能力与同行业的格力公司和海尔公司的比较分析情况见表 8-18。

表 8-18 2017 年营运能力行业比较分析表

项目	美的公司	海尔公司	格力公司
存货周转率	8.01	5.97	7.78
应收账款周转率	15.54	12.89	34.33
固定资产周转率	11.03	10.09	8.44
流动资产周转率	1.66	2.02	0.94
总资产周转率	1.15	1.13	0.75

从表 8-18 可以看出，在这三家公司中，美的公司存货的周转速度最快，说明公司存货的流动性最强。格力公司的应收账款周转率数值最高，美的公司的居中，说明美的公司的应收账款的周转速度还有待提高。美的公司的固定资产周转率数值最高，说明公司固定资产的周转速度最快，对固定资产的利用率最好。海尔公司的流动资产周转率数值最高，美的公司居中，说明美的公司流动资产的利用效率还有待提高。美的公司的总资产周转率数值最高，说明公司总资产的利用率最好，资产的管理水平最好。

8.4.4 发展能力分析

美的公司发展能力分析见表 8-19。

表 8-19 美的公司 2013—2017 年发展能力分析表

发展能力指标	2013 年	2014 年	2015 年	2016 年	2017 年
营业收入增长率(%)	17.91	17.11	-2.28	14.88	51.35
总资产增长率(%)	10.50	24.08	7.11	32.41	45.46
资本积累率(%)	17.84	17.02	22.52	23.10	20.22
利润增长率(%)	28.86	39.74	14.72	17.84	15.54

从表 8-19 可以看出，就营业收入增长率而言，公司表现出先下降后上升的趋势。2017 年营业收入增长率增加，表明近年来公司营业收入大幅度增长，公司生产的产品能够迎合消费者的需求。就总资产增长率而言，公司整体上呈现明显上升的趋势，公司资产规模的不断增加，说明公司近年来资产规模不断上升，对于负债的偿还能力也有较大的提升。就资本积累率而言，公司整体上是上升的趋势，但在 2017 年有所下降，可见公司在 2017 年资本的积累能力有所下降。就利润增长率而言，公司整体上呈现上升的趋势，但利润增长率的增长幅度有所下降，应引起重视。

2017 年美的公司的发展能力与同行业的格力公司和海尔公司的比较分析情况见表 8-20。

表 8-20 2017 年发展能力行业比较分析表

项目	美的公司	海尔公司	格力公司
营业收入增长率(%)	51.35	33.68	36.92
总资产增长率(%)	45.43	15.21	17.87
资本积累率(%)	20.22	24.07	21.62
利润增长率(%)	15.54	28.76	43.31

从表 8-20 可以看出，就营业收入增长率而言，美的公司的数值最高，说明美的公司的营业收入的增长速度最快，业务拓展能力最强。就总资产增长率而言，

美的公司的数值也最高,说明美的公司在资产扩张方面的增幅最大。就资本积累率而言,海尔公司的数值最高,格力公司居中,美的公司最低,说明美的公司的资产积累能力最弱。就利润增长率而言,格力公司的数值最高,海尔公司的数值居中,美的公司的数最低,说明美的公司的利润增长幅度最低,公司需要提高获利能力,使企业获得更好的发展前景。

8.5 美的公司财务状况的综合评价及对策分析

8.5.1 美的公司财务状况的综合评价

1. 资产规模

公司的资产总额表现为上升的趋势,从 2015 年至 2017 年两年内资产总额增加了近 1 倍,公司资产规模得到了较大幅度的扩张。2017 年公司的流动资产占总资产的份额为 68.44%,而且流动资产在当年的增长率达到了 40.78%,公司流动资产的增长速度较快,对资产总额的影响较大。公司负债的金额也表现出上升的趋势,且在 2017 年公司负债增加的幅度远远大于资产增加的幅度,尤其是在 2017 年非流动负债的增加幅度已经达到了 270.5%。公司的负债以流动负债为主,流动负债所占的比例过高、金额过大,导致公司的经营风险有所加大。

2. 盈利能力

公司净利润逐年增长,净利润在 2017 年的增幅达到了 17.33%。基本每股收益的上升也体现出公司较好的发展前景,但是总资产报酬率和股东权益报酬率近年来都有所下降,说明公司的盈利能力有所下降。在相关费用中,销售费用所占比例最大,尤其是 2017 年公司销售费用显著增加。2017 年,在同行业比较中,美的公司的盈利能力明显弱于格力公司,略高于海尔公司。

3. 偿债能力

公司流动资产增长较快,资产的流动性变强,有利于增强公司的短期偿债能力,使公司的短期偿债能力不断上升。资产负债率整体上表现为上升趋势,公司的长期偿债能力有所下降,使长期偿债风险有所提高。

4. 现金流

从现金流构成分析中可以看出,公司的现金流主要以经营活动产生的现金流为主，近几年公司由经营活动产生的现金流量净额已经稳定在200多亿元，公司经营活动产生的现金流基本能够满足经营活动需要。但是应注意的是，公司在投资活动上产生大量的现金支出，2013年至2017年筹资活动产生的现金流量净额均为负数，需要通过筹资活动来补充资金。公司应提高经营活动产生的现金流量，提高销售收现率。

8.5.2 对策分析

1. 加强存货管理

公司在存货规模上数额较大，说明公司在存货管理能力方面还有待提高，因此需要控制公司的存货数量，减少库存成本。过多的持有存货，通常会占用公司的周转资金，加大仓储成本。但是存货持有的数量如果过少，又无法保障企业正常生产经营周转的需求。所以公司应提高存货的管理水平，合理控制存货的储存量，提高存货周转率。

2. 加强应收账款管理

近年来公司应收账款的规模在不断扩大，从应收账款的账龄来看，一年以内到期的应收账款居多，说明公司应收账款的质量较高，风险较小。但2014年至2016年期间公司应收账款的增长幅度大于收入的增长幅度，公司的营业收入中赊销的比例有所提升。

公司应制定严格的赊销审批制度，加强对应收账款的管理力度。公司要建立信用管理部门，由专人负责应收账款的审批工作，建立完善的客户档案，对客户还款能力、企业信用等重要信息进行调查。公司应制定完善的赊销制度，根据客户的综合信息情况，了解其还款能力，明确其信用等级，根据信用等级制定赊销限额。公司还可以建立法务部门，通过法律手段督促客户尽快还款，降低由坏账带来的损失。

3. 加强成本的控制力度，提升盈利能力

2017年公司的营业成本占营业收入的74.97%，说明公司的成本较高。成本的增加，会导致净利润的下降，进而影响公司的盈利能力和发展潜力，需要引起管理层的高度重视。

为了有效地加强公司的成本控制力度，公司首先要树立成本控制的观念，财务人员也要对公司成本进行预算和把控，制定严格的成本预算指标。将公司经营成本细分为多项小指标，使成本项目管理更加具体化，并采用合适的成本控制方法。同时管理人员还应在日常工作中加强对经营成本的监督，利用计算机技术，实时跟进成本信息，帮助管理者更好地了解和把控公司的经营成本。

4. 提升长期债务偿还能力

公司的资产负债率整体上表现为上升趋势，公司的长期偿债能力有所下降，长期偿债风险有所提高。

公司适度举债经营，能够获得更多的现金流，充分发挥财务杠杆的作用。但是公司进行负债经营的前提是投资收益率高于负债成本，否则财务杠杆效应会使公司的筹资风险增加。因此公司要提高投资收益率。同时结合公司的发展和盈利能力情况，优化资本结构，制定合理的负债结构，避免过度举债。为了加快资金回笼，公司还应加快应收账款的回款速度，提高公司的偿债能力。

第9章 佛山照明现金股利政策

9.1 案例背景

佛山电器照明股份有限公司(以下简称"佛山照明")是1958年成立的全民所有制国有企业,是一家以生产和经营各种照明产品及配套设施为主的公司。1992年,由全民所有制的国有企业改制为股份制企业,成为佛山市首批股份制试点企业。1993年10月,经中国证券监督委员会批准,佛山照明公开发行社会公众股(A股)1 930万股,并于1993年11月在深圳证券交易所挂牌交易。1995年7月,公司获准发行5 000万股B股,并获准上市交易,是广东省第一批A股、B股上市公司。2012年,公司致力于从传统照明向LED照明转型升级,大力发展LED照明产品,LED照明产品的销售额占比不断提高。2015年年底,广晟公司入主佛山照明,佛山照明进入新的发展时期;2016年,公司成立佛山照明智达电工科技有限公司,开启"电器"与"照明"双引擎驱动;2017年进一步加速产业拓展,成立车用照明事业部,形成照明、电工、车用照明三大板块齐头并进的战略布局。2018年,佛山照明继续深入实施创新驱动发展,三大板块保持稳健的发展态势。

9.2 佛山照明历年现金股利分配情况

佛山照明自1993年上市以来,一直坚持现金分红。佛山照明也是深沪两市累计每股派现最高的公司,唯一一家现金分红超过股票融资的公司,被誉为"现金奶牛"。其历年的现金股利政策见表9-1。

表9-1 佛山照明历年现金股利政策

分红年度	每10股派现(含税/元)	净利润(元)	实际派息数(元)	股利支付率(%)
1993	3.000	94 716 548.19	23 151 000.00	24.44
1994	8.100	145 745 912.31	108 465 509.16	74.42
1995	6.800	171 771 542.03	125 057 464.48	72.80

续表

分红年度	每10股派现（含税/元）	净利润（元）	实际派息数（元）	股利支付率(%)
1996	4.770	177 951 041.13	131 586 199.76	73.95
1997	4.000	136 392 907.50	110 344 821.60	80.90
1998	4.020	148 623 968.57	110 896 545.71	74.62
1999	3.500	158 892 116.50	96 551 718.90	60.77
2000	3.800	160 289 507.18	136 210 338.42	84.98
2001	4.000	172 376 388.90	143 379 303.60	83.18
2002	4.200	204 013 464.38	150 548 268.78	73.79
2003	4.600	226 361 974.63	164 886 199.14	72.84
2004	4.800	232 373 809.16	172 055 164.32	74.04
2005	4.900	220 807 591.42	175 639 646.91	79.54
2006	5.000	238 364 837.62	179 224 129.50	75.19
2007	5.850	428 975 853.56	272 599 900.56	63.55
2008	2.200	225 446 451.14	153 774 303.10	68.21
2009	2.200	226 236 846.20	215 284 023.90	95.16
2010	2.500	271 097 445.96	244 640 936.25	90.24
2011	2.500	297 273 941.38	244 640 936.25	82.29
2012	3.100	400 229 859.26	303 354 760.95	75.80
2013	1.600	252 284 967.85	156 570 199.20	62.06
2014	2.200	266 665 952.72	215 284 023.90	80.73
2015	0.125	37 684 725.39	15 901 660.85	42.20
2016	4.200	1 073 256 393.74	534 295 804.56	49.78
2017	3.290	745 820 319.26	418 531 713.57	56.12
2018	1.560	379 150 336.15	218 298 000.02	57.58

数据来源：国泰安数据库。

从表9-1可以看出，佛山照明每年都派发现金股利且支付水平较高，佛山照明的股利政策具有连续性和稳定性的特点。自1993年上市以来，公司几乎每年都派发现金股利，上市以来股利支付率平均数为70.35%，即使2008年在全球金融危机的情况下，依然坚持高派现的股利政策，这种多年连续发放现金股利的情况在上市公司中是较为罕见的。

我国上市公司的平均现金股利支付率低于30%，在成熟的资本市场上，现金股利支付率通常高于40%，佛山照明实行的是高派现的股利政策。

9.3 佛山照明现金股利政策分析

从 1993—2018 年，佛山照明累计发放现金股利超过 482 117 万元。图 9-1 描述了佛山照明自上市以来至 2018 年各年的股利支付率和留存收益比率。从图中可以看出，除 1993 年、2015 年和 2016 年外，其他各年的股利支付率均大于留存收益比率，这表明佛山照明将各年创造的利润大部分返还给了投资者。

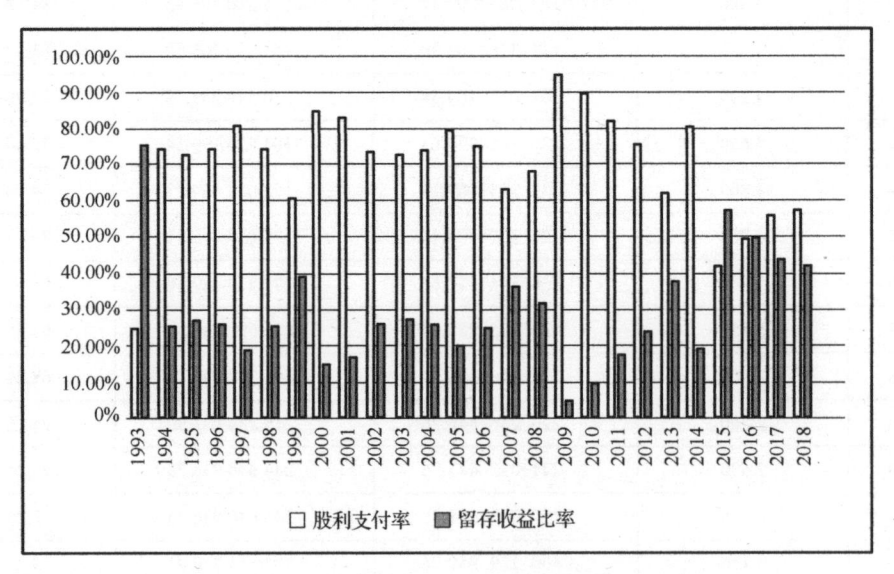

图 9-1 佛山照明股利支付率和留存收益比率比较

数据来源：国泰安数据库。

图 9-2 描述了佛山照明的资产报酬率和股利支付率的关系。从图中可以看出，两者的变化趋势不尽一致。经测算，资产报酬率和股利支付率的相关系数仅为 0.37。这可能与佛山照明在特定年份的投资机会和现金流状况有关。例如，2007 年资产报酬率上升为 16.68%，股利支付率下降为 63.55%；2009 年，资产报酬率下降为 9.10%，股利支付率上升为 95.16%。

1993—2018 年在高比例支付股利的同时，佛山照明在 IPO 后进行了再融资。从 1993—2018 年，该公司累计募集资金情况见表 9-2。从表中数据可以看出，公司再融资的资金全部来自股权融资，这表明公司资金主要来源于股权融资和内部留存收益。

佛山照明自上市以来实施持续高派现股利政策，加速了公司资金的外流，为了满足公司的经营发展，进行外部直接融资。自 1993—2018 年公司共进行了 3 次资金募集，募集资金总额为 10.38 亿元，累计派现 48.2 亿元，派现金额占融资金额的 464.35%，具有较高的派现筹资比。

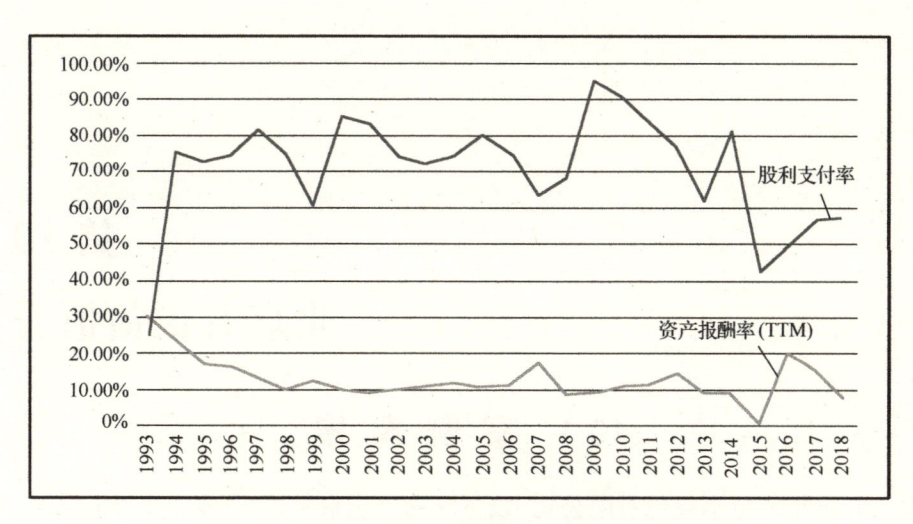

图 9-2 佛山照明资产报酬率和股利支付率比较

数据来源：国泰安数据库。

表 9-2 佛山照明 1993 年至 2018 年募集资金情况表

融资方式	金额（万元）	占比（%）	融资年份
IPO	19 743.90	19.01	1993 年
股权再融资	84 097.43	80.99	
其中：配股	14 522.43	13.99	1994 年
公开增发	69 575.00	67.00	2000 年
直接融资合计	103 841.33	100.00	

数据来源：国泰安数据库。

企业内部的财务指标、非财务指标及外部环境影响企业的现金股利政策，佛山照明的现金股利支付水平变动幅度较小，自 1993 年上市以来，除了首次股利支付率为 24.44%，个别年份为 50% 以下，其余年份均超过 60%，稳定在 70% 左右，现金股利支付水平变化幅度较小，说明公司制定的现金股利政策比较关注公司的长期发展。整体来说，佛山照明有非常良好的现金股利支付意愿，财务状况良好，现金股利支付水平比较稳定。

第10章
北京君正估值分析

10.1 案例背景

北京君正集成电路股份有限公司(以下简称"北京君正")成立于2005年,并于2011年在深圳证券交易所创业板上市。公司自成立以来一直从事集成电路设计业务,现已发展成为一家国内外领先的32位嵌入式CPU芯片供应商,是掌握嵌入式CPU核心技术并成功市场化的极少数本土企业之一。公司拥有较强的自主创新能力,具备高成长性,并已形成可持续发展的梯队化产品布局。在便携消费电子、教育电子应用领域的市场竞争力优势明显,市场占有率稳步提高。

北京君正拥有全球领先的嵌入式CPU技术和低功耗技术。针对移动产品的特点,创造性地推出了其独特的MIPS32兼容的微处理器技术XBurst。XBurst技术采用创新的微体系结构,微处理器能够在极低的功耗下高速发射指令,其主频、多媒体性能、面积和功耗均领先于工业界现有的32位RISC微处理器内核。

自2007年年初以来,基于XBurst CPU内核的JZ47xx系列微处理器芯片凭借其优异的性价比、强劲的多媒体处理能力和超低功耗优势,迅速在生物识别、教育电子、多媒体播放器、电子书、平板电脑等领域得到广泛应用,已成为我国芯片领域出货量较大、应用领域较广的自主创新微处理器产品。

同时,北京君正针对可穿戴式和智能设备市场推出M系列芯片,并针对智能手表、智能眼镜等推出了一揽子解决方案,帮助客户快速地研发产品并推向市场,公司将会给可穿戴式和智能设备市场注入更大的发展活力。

公司不断加强市场推广,加强芯片与方案的研发,公司产品在物联网和智能视频等领域的销售收入持续增长。2018年总营业收入达2.6亿元,同比增长了41.30%;利润总额为1 382万元,同比增长了102.08%。在营业收入构成上,自2017年以来,公司的芯片收入始终占营业收入的90%以上(如图10-1所示)。

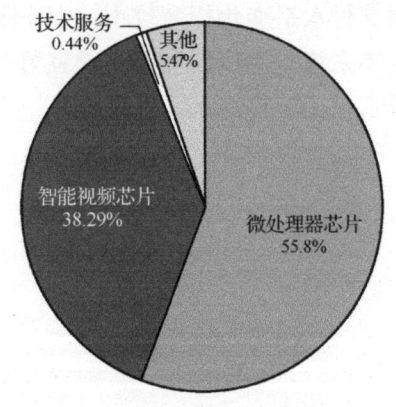

图10-1 北京君正的营业收入构成

10.2 公司特点

10.2.1 公司产品竞争力分析

如表 10-1 所示,北京君正 2014—2018 年的毛利率分别为 55.46%、55.11%、46.36%、37.01%和 39.86%,分别在行业中排名第 6 名、第 5 名、第 8 名、第 16 名、第 18 名,从所处行业排名变化中可以看出该行业的竞争非常激烈,虽然公司从 2014—2018 年产品竞争力有所下降,但在行业中公司产品的竞争力仍较强,在 2018 年公司仍具有一定的定价权(如图 10-2 所示)。

表 10-1　公司产品竞争力分析

年份	2014 年	2015 年	2016 年	2017 年	2018 年
毛利率(%)	55.46	55.11	46.36	37.01	39.86
行业排名	6/60	5/60	8/60	16/60	18/60

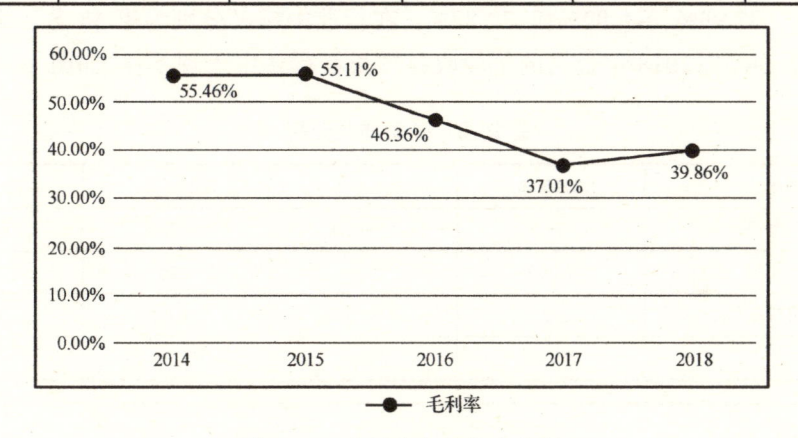

图 10-2　公司产品竞争力分析

10.2.2 公司管理能力分析

如表 10-2 所示,北京君正 2014—2018 年销售费用和管理费用占毛利润的比重分别为 207.31%、198.21%、153.19%、133.50%和 40.00%,在行业中排名分别为第 1 名、第 2 名、第 3 名、第 4 名、第 24 名,公司从 2014—2018 年,管理能力有所增强,2018 年公司的管理能力在行业中处于中等水平(如图 10-3 所示)。

表 10-2　公司管理能力分析

年份	2014 年	2015 年	2016 年	2017 年	2018 年
(销售费用+管理费用)/毛利润(%)	207.31	198.21	153.19	133.50	40.00
行业排名	1/60	2/60	3/60	4/60	24/60

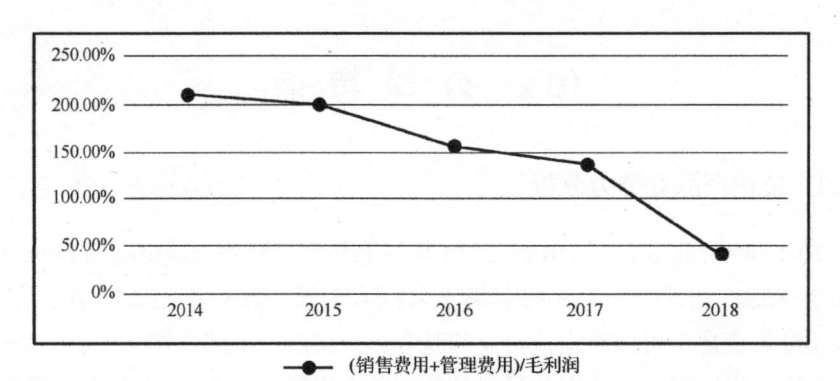

图 10-3　公司的管理能力

10.2.3　公司增长分析

如表 10-3 所示，北京君正 2015—2018 年营业收入增长率分别为 19.26%、58.24%、63.95% 和 42.07%，在行业中排名分别为第 28 名、第 16 名、第 7 名、第 9 名，2018 年公司的营业收入增长在行业中较快。2015—2018 年每股收益增长率分别为 −299.79%、−77.99%、−8.02% 和 −72.82%，在行业中排名分别为第 58 名、第 27 名、第 32 名、第 60 名。2018 年公司的每股收益增长在行业中表现不佳（如图 10-4 所示）。

表 10-3　公司增长分析

年份	2015 年	2016 年	2017 年	2018 年
营业收入增长率(%)	19.26	58.24	63.95	42.07
行业排名	28/60	16/60	7/60	9/60
每股收益的增长率(%)	−299.79	−77.99	−8.02	−72.82
行业排名	58/60	27/60	32/60	60/60

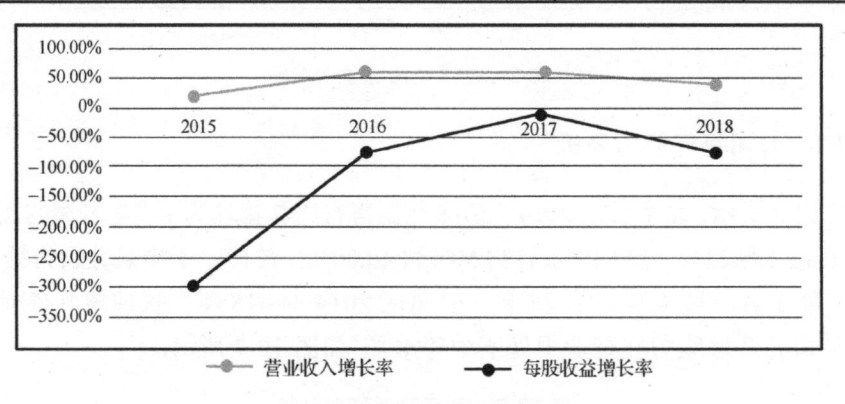

图 10-4　公司增长分析

10.2.4　产业链地位

如表 10-4 所示，北京君正 2014—2018 年应收账款占营业收入的比重分别为

98　◀　财务管理案例：解析与训练

6.81%、11.35%、14.38%、7.37%和8.74%，在行业中排名分别为第56名、第53名、第56名、第56名、第55名。2018年公司在产业链中的地位较低（如图10-5所示）。

表10-4　公司产业链地位分析

年份	2014年	2015年	2016年	2017年	2018年
应收账款/营业收入(%)	6.81	11.35	14.38	7.37	8.74
行业排名	56/60	53/60	56/60	56/60	55/60

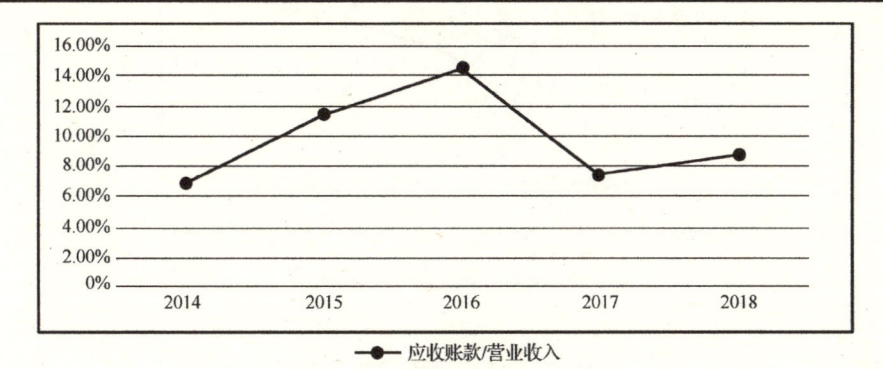

图10-5　应收账款/营业收入

10.2.5　资本支出分析

如表10-5所示，北京君正2014—2018年资本支出占净利润分别为64.26%、30.55%、195.10%、431.93%和77.68%，在行业中排名分别为第56名、第47名、第25名、第9名、第40名。2018年公司依赖资本支出保持竞争力的程度中等（如图10-6所示）。

表10-5　公司资本支出分析

年份	2014年	2015年	2016年	2017年	2018年
资本支出/净利润(%)	−64.26	30.55	195.10	431.93	77.68
行业排名	56/60	47/60	25/60	9/60	40/60

图10-6　资本支出/净利润

综上所述，北京君正的产品竞争力较强，公司的管理能力在行业中表现中等，营业收入增长在行业中较快，每股收益增长在行业中较差，公司在产业链中的地位较低，公司依赖资本支出保持竞争力的程度中等（如图10-7所示）。

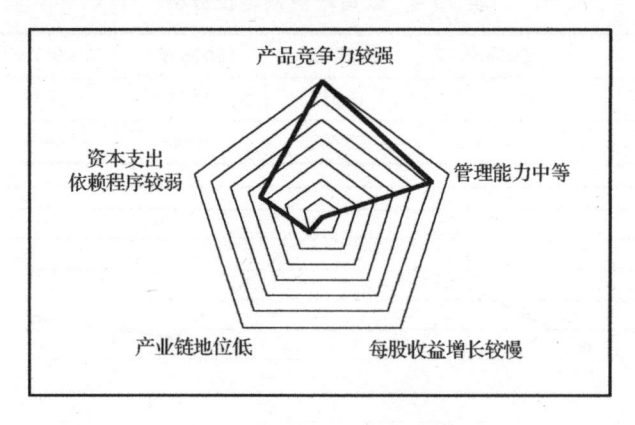

图10-7 综合分析雷达图

10.3 公司估值

采用剩余收益模型对公司进行估值。首先，运用 CAPM（资本资产定价模型）计算出资本成本。然后基于公司未来3年的EPS（每股盈余）预测值计算出公司的正常估值为20.09元/股。

资本成本和剩余收益未来增长率是影响公司估值的重要因素，根据两者的变化，进行敏感性分析，如表10-6所示。其中，r是资本成本，代表股东投资所要求的收益率；g是永续增长率，代表公司持续经营下剩余收益每年的增长率。

表10-6 估值敏感性分析

敏感性分析	$g=0\%$	$g=1\%$	$g=2\%$	$g=3\%$	$g=4\%$	$g=5\%$
$r+1.5$	20.26	20.23	20.19	20.11	19.85	−12.56
$r+1$	20.26	20.22	20.18	20.06	19.45	21.35
$r+0.5$	20.26	20.22	20.16	19.95	−5.99	20.80
r	20.26	20.22	20.13	19.66	21.13	20.62
$r-0.5$	20.27	20.21	20.06	0.85	20.69	20.53
$r-1$	20.27	20.20	19.88	20.90	20.54	20.47
$r-1.5$	20.27	20.17	7.96	20.57	20.47	20.44

第11章
北京中关村中技服务集团的投融资服务

11.1 案例背景

科技型企业知识产权质押融资需求旺盛,尽管知识产权质押融资业务已开展多年,银行也出台了相应的扶持政策,但知识产权融资的释放还远远不能满足科技型企业对知识产权质押融资的需求。处于初创期的高科技企业,其知识产权尚处于培育阶段,估值较低,但未来发展前景可期,考虑到股权稀释问题,企业经营者一般不愿进行股权融资,因此初创期的高科技企业对知识产权质押融资的需求极大。高科技企业一般利润较高,愿意承担银行融资的高成本;同时,高科技企业通过知识产权融资,能够实现知识产权的定价,积累企业信用,为未来发展奠定信用基础。因此,高科技企业对知识产权融资存在战略性需求。

北京中关村中技知识产权服务集团(以下简称"中关村中技服务集团")成立于2014年12月14日,由北京市海淀区国有资产投资经营有限公司出资设立,实缴资本4 000万元,定位为科技企业投融资综合服务体系的运营管理平台。

中关村中技知识产权服务体系由核心层和联盟层构成。核心层的实施主体包括:以"专利价值分析指标体系"为基础方法论的知识产权评估公司、注册资本20亿元的融资担保公司、20亿元的股权投资基金、商业保理公司、中关村互联网金融服务中心、众信金融知识产权交易平台和股权交易平台。联盟层是指由众多银行、信托公司、小贷公司、保理公司、P2P网贷平台和投资机构组成紧密合作关系的战略联盟。核心层价值在于帮助联盟层看懂知识产权价值,看清科技企业股权价值,建立风险分担机制,通过核心层和联盟层的互动,为中小微科技型企业提供更快、更多、更便宜、更安全、更丰富的金融支持,助力企业更好地运用知识产权实现企业价值。

11.2 中关村中技服务集团五位一体的运营模式

根据国家"十三五规划建议"中"关于加强技术和知识产权交易平台建设的建

议"，以及《关于中关村国家自主创新示范区建设国家科技金融创新中心的意见》进一步明确指出"不断推出新的科技金融创新试点，全面开展知识产权投融资体系建设，构建从知识产权评估、金融服务、交易处置等一体的投融资服务体系"的要求，中关村中技服务集团针对科技型企业具有轻资产、高风险、高成长、高收益的特点，以及在融资过程中经常遇到的知识产权评估难、质押难、处置难问题，创新性地建立了中国首家"评—保—贷—投—易"五位一体的科技型企业投融资综合服务体系，为中小微科技型企业量身定制了"知识产权和股权质押"融资产品，更好地为科技型企业开展投融资服务。

首先，由咨询公司为科技型企业评价知识产权价值度，由基金公司判断企业投资价值；其次，以"股权+知识产权"为抵押，由融资担保公司为企业进行担保，让企业获得低成本(不超过 10%)、快速(最快 10 个工作日)的银行贷款，或者由基金公司直接投资企业。其中，债权业务以担保公司、保理公司为主，股权投资以基金公司为主，承办不同业务的多个公司合作，不仅可大幅降低企业融资成本、提高融资速度，还可解决企业资金使用期限短和企业内部治理差等问题。知识产权的后续运营由咨询公司负责，可解决科技型企业长远发展和并购可能性的问题。

五位一体的综合服务体系详情如下。

(1) 评：知识产权价值评估——中关村中技(北京)知识产权管理有限公司。

知识产权价值评估采用"专利价值分析指标体系"，为中小微科技型企业提供知识产权价值评估和企业投资价值判断。

(2) 保：投资担保——北京中技知识产权融资担保有限公司。

由北京市海淀区国有独资公司出资 20 亿元组建的融资担保公司和 20 亿元的股权投资基金，为中小微科技型企业知识产权融资提供强有力的担保增信。

(3) 贷：贷款融资——多家银行、北京中技商业保理有限公司、P2P 联盟。

以银行为核心，以小贷公司、保理公司、P2P、信托公司、融资租赁公司为补充，构建更快、更多、更便宜、更安全、更丰富的贷款通道。

(4) 投：股权投资——北京中技华软知识产权基金管理有限公司和上百家知名投资机构联盟。

搭建债权和股权相结合的投资联盟，为中小微科技型企业引入全方位的投融资机会。

(5) 易：多元化的交易模式和交易平台——中国技术交易所、产权交易所、股权交易所、投资机构、协会。

多元化的交易模式和交易平台包括中国技术交易所及其联盟的产权交易所、股权交易所、投资机构、协会，形成迅捷流动的产权交易通道。

11.3　中关村中技服务集团的创新产品

高成长型科技企业投融资的痛点是贷款难。原因在于：①轻资产，缺抵押；②信用贷，额度低；③高成长，持续缺钱。股权融资并非总能称心如意，原因在于：①估值谈判差距大；②业绩承诺对赌难；③耗费时间周期长。有鉴于此，中关村中技服务集团提供了多种创新产品。

1. "知识产权+股权"质押快速融资通道

中关村中技服务集团帮助企业以"知识产权+股权"为质押向银行申请大额贷款，扶持企业快速成长，质押快速融资通道如图 11-1 所示。评估公司、基金公司分别对企业知识产权和股权价值进行专业评估；"担保公司+基金公司"双重强担保为企业贷款增信；以"知识产权+股权"为质押的方式，帮助企业从合作银行快速申请低成本、大额(500 万元～2 000 万元)贷款。成长债业务费用包括：银行贷款利息为基准利率+上浮(20%～30%)，担保费为 2.5%，融资服务费为 1%。

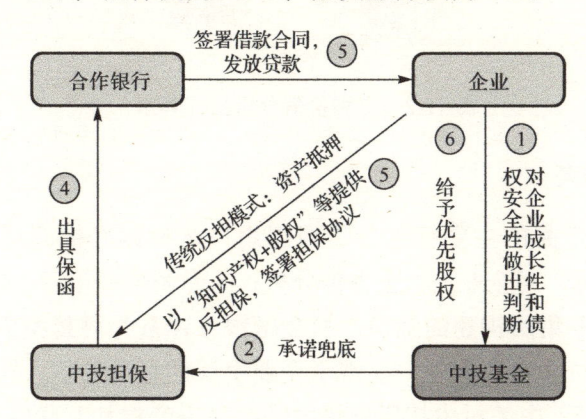

图 11-1　"知识产权+股权"质押快速融资通道示意图

"知识产权+股权"产品主要特色有：①主要针对高新、文创、教育企业；②以知识产权质押为主；③额度在 50 万元～200 万元；④速度快，内部产品匹配，走绿色通道。

企业筛选条件如下：①拥有知识产权；②主体资格真实、合法、信用良好、不涉案；③经营年限两年以上；④逾期记录累计不超过 3 次；⑤科技型企业，核心技术成型并投入市场；⑥资产负债率不超过 80%，信用敞口不超过 1 000 万元；⑦纳税报表和记录完整、有效；⑧员工社会保险记录完整、有效。

2. 保理

保理产品的主要特色：①服务于轻资产高新技术企业或中小型制造类企业，盘活企业应收账款资产；②授信额度无金额限制，完全匹配企业资金需求；③以自有资金发放，融资用途较为灵活且可自主支付；④信贷资金投向明确，突出以知识产权为主导的投贷联动特色；⑤担保方式多样化，知识产权质押、股权质押、第三方保证和应收账款的三方确权转让方式灵活组合；⑥最慢 10 个工作日快速放款；⑦资产支持专项计划产品，融资期限更长、成本更优惠。

3. 专利价值评估

专利价值评估产品的主要特色：依托与国家知识产权局共同推出的"专利价值分析指标体系"，由专业知识产权背景团队和资深行业专家团队提供可信度高的知识产权价值报告，如图 11-2 所示。

图 11-2　专利价值分析指标体系

4. 专利导航服务

专利导航服务产品的主要特色：①根据用户选择偏好推荐可投资的企业；②结合专利和企业数据，对企业进行全方位分析；③专利全库检索，排除无效专利。

中关村中技服务集团构建的知识产权金融服务体系为科技型中小微企业提供全方位、多层次的融资和投资服务，实现了企业发展的自我价值；同时，在国家出台的政策方针的指引下，中关村中技服务集团结合知识产权和互联网这两大新兴要素，实现了金融创新。知识产权金融服务体系不仅为科技型企业切实解决了融资难题，还为银行降低了贷款成本和贷款风险，为联盟投资机构创造了更多的投资机会，为高校、研究所提供了技术市场化的平台，为政府解决了支持科技创新的政策落地问题。

未来，中关村中技服务集团将不断完善科技金融服务体系，打造示范区最具活力的科技金融服务产业，引领中关村地区科技型企业快速发展，为金融产业和科技产业的发展贡献力量。

11.4　中关村中技服务集团提供服务的科技型企业

(1) 某虚拟现实高技术企业，成立于 2014 年 3 月。企业专利储备丰富，VR(Virtual

Reality)硬件技术国内领先,正在积极布局 VR 产业生态,与联想、360、乐视、华硕等多家知名企业建立了战略合作关系。已完成三轮融资,创东方、红杉资本多家知名投资机构参与。成长债一期借款 1 000 万元,顺利还款后二期借款 2 000 万元。

服务特点:有核心技术的初创型企业,无营业收入而获得大额借款。

(2)某票务发行传媒公司,2016 年挂牌新三板。公司为票务行业最具影响力的票务营销平台之一,全国超过 500 家场馆使用该公司的票务营销系统。随后,公司向全娱乐、全产业链运营转型,成为多个热门演出发行商。2015 年 12 月以来,公司进行了六轮融资,乐视、蓝港等多家知名机构参与投资,估值达 12 亿元。

服务特点:轻资产型文创企业,成长债大额支持 4 000 万元。

(3)某社会化营销企业,成立于 2012 年,主营业务为以粉丝驱动营销,帮助中小企业快速寻找价值用户,实现传统销售模式的互联网化和用户裂变,将口碑转化为销售额。企业经过多年的技术研发和粉丝关系维护,拥有 2 000 个意见领袖、10 万个粉丝代表,帮助中小企业将商品的复购率提升至 30%以上。企业服务过的知名客户包括爱伲咖啡、中粮、小米、纽仕兰、OPPO、聚美优品等。

服务特点:轻资产型互联网企业,成长债支持 1 000 万元。

(4)某 SMD 石英振晶底座生产企业,成立于 2004 年,自主研发 42 项专利技术,打破日本企业对 SMD 晶体底座技术的垄断,成为全世界第四家且中国唯一一家掌握 SMD 晶体底座生产技术的企业。客户包括首都航天机械公司、南京中电熊猫晶体科技有限公司、北京控制工程研究所、北京遥测技术研究所、苏州日本电波工业有限公司、随州泰华电子科技有限公司等境内外知名企业。国产化替代优势明显,在手大量订单。

服务特点:有核心技术,营业收入规模小,1 000 万元成长债支持其快速提升产能。

(5)某芯片设计公司,专注平面显示和节能照明的芯片设计,拥有全尺寸面板驱动、电源管理、信号转换、时序控制、触控和指纹识别芯片的设计开发能力,在节能领域拥有 LED 显示和 LED 照明技术,已成为主流供应商。公司产品被多家国际、国内一线厂商采用,得到市场的认可和好评。公司发展迅速,营业收入规模保持每年 50%以上的增长,已达到 2 亿元以上,但由于研发投入巨大,尚未实现赢利。

服务特点:持续亏损的业界领军企业,获得 2 000 万元成长债支持。

(6)某应用软件服务企业,为"国高""村高"双料企业,业务主要包括智能平台终端销售、健康设备销售、App 端商品分成、第三方商业服务分成、慢性病管理及会员服务等。企业致力于通过"应用层—平台层—终端层"获取相关数据的模式,发展成为一家围绕老年人养老服务的大数据提供者。

服务特点:以房屋抵押、软著质押作为反担保,获得 150 万元小额科技贷款支持。

(7)某高成长科技型制造企业,主营业务为碳纳米材料生产、电子超硬材料纳米微加工技术及光机电一体化加工设备的开发,拥有多项专利。2014年总资产为7 947万元,销售收入为9 159万元,净利润为2 380万元,经营业绩逐年增长。

服务特点:通过专利质押和优先认缴出资权协议,获得1 000万元的保理融资支持。

(8)某集团公司成立于2004年,致力于打造基于视频产业、内容产业和智能终端的"平台+内容+终端+应用"完整生态系统。垂直产业链整合业务涵盖互联网视频、影视制作与发行、智能终端、大屏应用市场、电子商务、生态农业、互联网智能电动汽车等,拥有近5 000项专利。

服务特点:为确定集团公司名下所有专利的市场价值,向中关村中技服务集团评估公司寻求知识产权评估咨询。

第12章
中国知识产权质押融资模式创新

12.1 案例背景

  相对于大型企业，中小企业的融资渠道窄，资金来源受到层层限制。近年来兴起的知识产权质押融资在一定程度上缓解了中小企业的融资压力，但由于知识产权质押融资自身的不确定性及其他固有风险的存在，质押方与金融机构等主体的积极性受挫，导致这一融资方式并未得到广泛应用，中小企业的融资困难仍未得到有效解决。

  基于中小企业知识产权质押融资困难的现状，不同的地区产生了不同的融资模式。本案例以政府参与度为标准，将知识产权质押融资模式分为三大类——政府主导型模式、政府引导下的市场化模式和政府鼓励下的市场化模式，同时比较各类模式及在各模式中各主体面临的风险。

12.2 知识产权质押融资模式

12.2.1 政府主导型模式

  政府主导型模式主要是设立政府担保基金或成立政策性担保机构。中小企业将知识产权质押给政府指定机构，由政府指定机构提供担保。

  上海浦东模式和成都模式均为政府主导型模式的典型，具体操作部门均为生产力促进中心，但二者又略有不同。成都模式比上海浦东模式多了知识产权质押融资服务平台，企业将融资相关信息投放在服务平台上，银行等金融机构又从服务平台获取投资资讯，为融资和投资双方打开了一条绿色通道。本案例仅以上海浦东模式为例，对政府主导型模式进行深入探究与分析。

  上海浦东模式涉及的主体不仅包括企业、银行，还包括政府机构——浦东生产力促进中心。作为政府职能的延伸，浦东生产力促进中心直接介入科技型中小企业知识产权质押贷款业务并承担95%以上的风险。上海浦东新区科学技术委员会每年设立2 000万元的知识产权质押融资专项资金，存入浦东生产力促进中心的银行专户，由其进行具体操作。

如图12-1所示，浦东生产力促进中心作为具体操作部门，直接受理此类贷款申请。收到申请后，浦东生产力促进中心审核申请是否符合规定，必要时会组织浦东知识产权中心等单位对企业提供质押的知识产权进行评估。企业以自有知识产权质押和业主信用为担保，浦东生产力促进中心向银行发送担保确认文件，并以知识产权质押融资专项资金为通过审批的企业向银行提供担保；银行收到相关文件后，再办理各种贷款手续并发放贷款。上海浦东模式是由政府行政机关推动并在具体操作中起主导作用的一种典型模式。

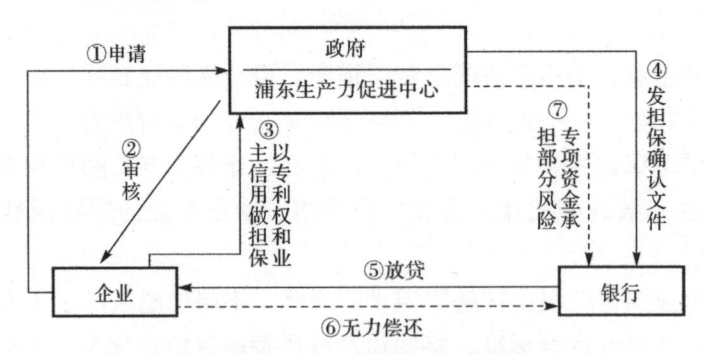

图注：图中用虚线表示出现不良贷款后的风险分散过程，下同。

图12-1 上海浦东知识产权质押融资模式

12.2.2 政府引导下的市场化模式

在政府引导下的市场化模式下，政府的角色是引导者和推动者，政府除制定政策法规、组织搭建服务平台外，还使用财政资金补贴企业的融资成本，如奖励和补贴中介机构，奖励贷款机构并补偿融资服务机构，同时提供政府信用担保或者政府信用再担保，介入知识产权质押融资。我们介绍两种模式：广东佛山南海区知识产权质押融资模式和北京"展业通"知识产权质押融资模式。这两种模式的主要区别在于：前者政府具体参与知识产权质押融资的预审工作，发挥牵头作用；后者政府为知识产权质押融资提供诸多便利，但不参与具体运作。

1. 广东佛山南海区知识产权质押融资模式

首先，南海区知识产权交易所、律师事务所通过"南海知识产权交易平台"对企业展开贷前调查，确认无误后将相关材料交南海区知识产权局预审，然后由南海区知识产权局向银行推荐申请贷款。银行收到申请后，请其认可的专业评估公司对标的物进行评估，同时律师事务所负责标的物法律风险的评估。一切评估材料上交银行后，银行经审批同意即可发放贷款，知识产权局给予专项补贴。当企业无力偿还，出现不良贷款时，知识产权交易中心负责处置出质权的转让、拍卖等，具体如图 12-2 所示。其中，知识产权局代表政府发挥重要的牵头作用。

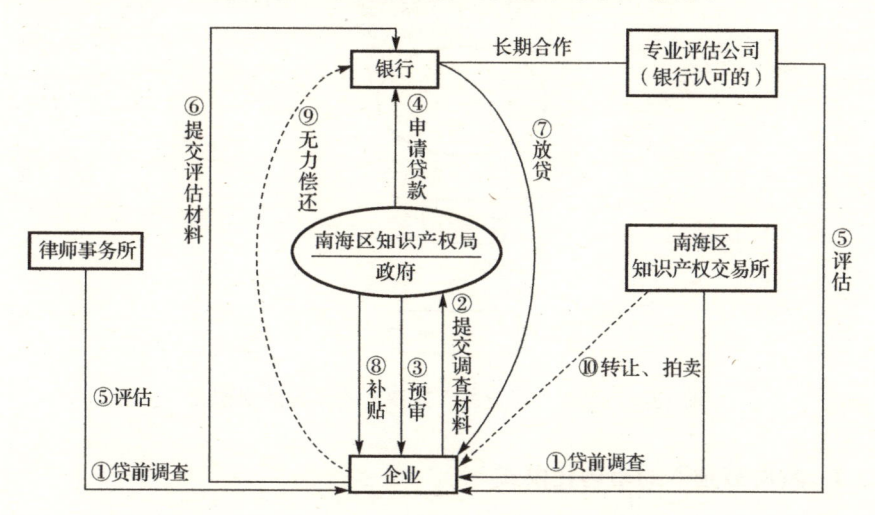

图 12-2 广东佛山南海区知识产权质押融资模式

此外，南海区还设立了专项资金，用以冲减知识产权质押融资中产生的财务费用，以及承担知识产权评估环节产生的服务费用。这降低了企业的贷款成本，拓展了企业的融资渠道，调动了企业与银行的积极性。

2. 北京"展业通"知识产权质押融资模式

北京"展业通"知识产权质押融资模式由政府部门积极推动，由中介机构进行市场化运作，加上严格的风险控制，已成为目前国内最成功的知识产权质押融资模式。

北京市科学技术委员会(以下简称"北京市科委")设立专项资金，补贴中小企业的贷款利息与其他财务费用以降低企业的贷款成本；政府出台相关政策，搭建知识产权质押融资平台，整合多方资源，引导和推动知识产权质押融资活动，但不参与具体运作；中介机构通过市场化运作开展相关业务，具体的风险分散机制也是完全市场化的，具体如图 12-3 所示。

在该模式中，贷款风险由律师事务所、资产评估机构、保险公司等市场中介机构共同承担。当出现不良贷款时，资产评估机构和律师事务所承担无限连带责任。为了分散风险，他们事前会为评估师和律师购买职业责任保险，因此当发生贷款违约时，保险公司实际上承担了高达 90% 的赔偿。这一系列市场化的风险控制和风险分散机制，降低了企业的融资成本和银行的放贷风险，提升了中小企业知识产权质押融资的活力。

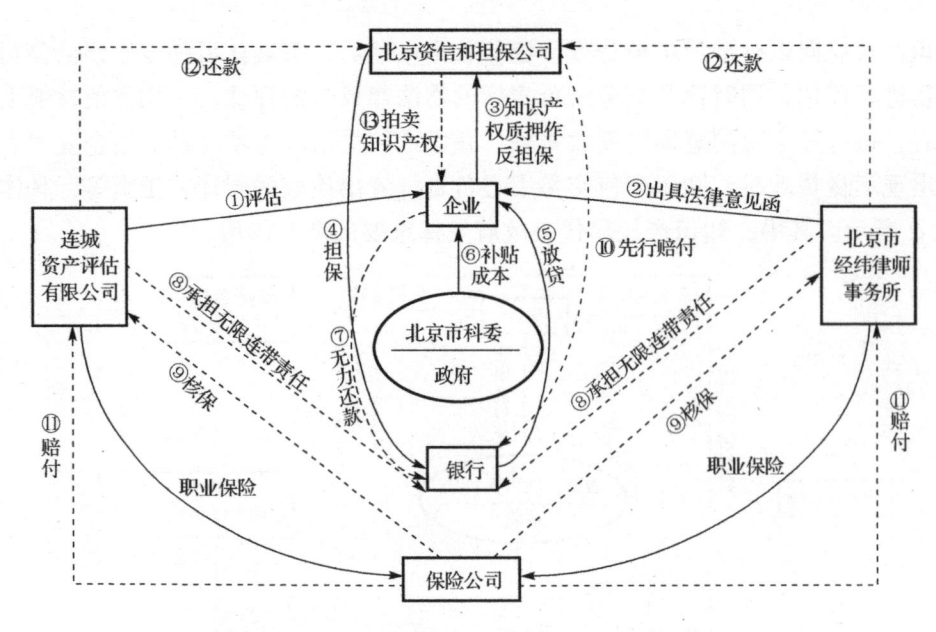

图 12-3 北京"展业通"知识产权质押融资模式

12.2.3 政府鼓励下的市场化模式

政府鼓励下的市场化模式是指政府鼓励金融机构和企业进行完全市场化的知识产权质押融资，政府只鼓励知识产权质押融资行为，不提供任何补贴，更不承担任何风险。

湘潭模式是政府鼓励下的市场化模式的典型。如图 12-4 所示，湘潭知识产权质押融资工作是从中国人民银行湘潭支行到湘潭市工商行政管理局再到湘潭市知识产权局自上而下推动的，完全属于行政行为。在具体操作中，所有流程均在企业与商业银行之间进行，银行直接负责受理、审核、评估等工作。政府部门只是鼓励，不提供任何补贴，也不承担任何风险。一旦发生不良贷款，银行将直接承担所有的资金风险。

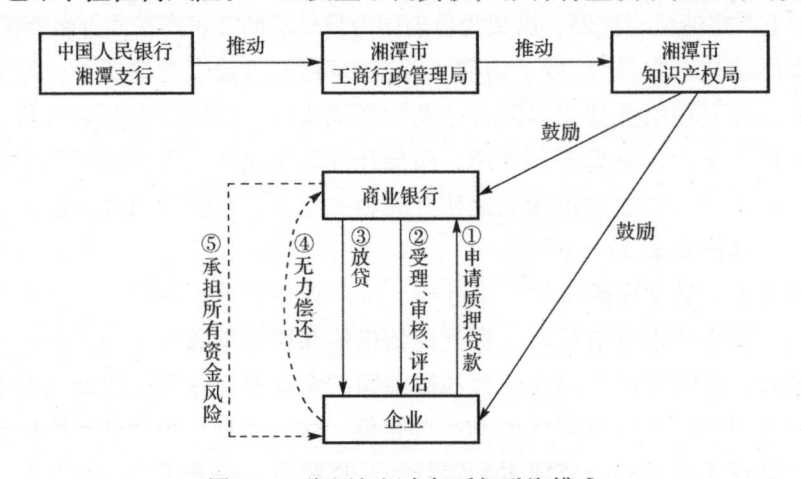

图 12-4 湘潭知识产权质押融资模式

各类知识产权质押融资模式的优点与缺点见表12-1。

表12-1 各类知识产权质押融资模式的优点与缺点

知识产权质押融资模式		政府			
		参与度	参与方式	风险承担	风险承担方式
政府主导型模式	上海浦东模式	高	①设立专项资金；②具体负责相关操作	95%	专项资金
政府引导下的市场化模式	广东佛山模式	较高	①负责预审工作；②设立专项资金	低	补贴财务费用和服务费用
	北京"展业通"模式	较高	①设立专项资金；②出台政策、搭建平台、整合资源、引导质押融资活动；③不参与具体运作	低	补贴财务费用和服务费用
政府鼓励下的市场化模式	湘潭模式	低	鼓励	零	无

各类知识产权质押融资模式中政府参与度的比较见表12-2。

表12-2 各类知识产权质押融资模式中政府参与度的比较

知识产权质押融资模式		优点	缺点
政府主导型模式	上海浦东模式	政府担保，银行与企业的信心强	政府责任重，地方财政易陷入债务危机
		适用条件：政府财政预算充足	
政府引导下的市场化模式	广东佛山模式	①银行审慎，资金安全保障高；②市场化程度高	风险分散机制不健全
		适用条件：融资服务机制与政策健全	
	北京"展业通"模式	①风险分散机制健全；②政府政策保障；③市场化程度高	银行设置的贷款条件严苛，中小企业融资成本高
		适用条件：市场化程度高，融资服务机制与政府政策健全	
政府鼓励下的市场化模式	湘潭模式	政府鼓励	各主体缺乏积极性，效率低下
		适用条件：商业银行资金充裕，企业信誉极高	

12.3 知识产权质押融资模式中各主体风险分析

上述三类知识产权质押融资模式均有自己的风险分散机制，那么在不同的模式中，不同主体所承担的风险又有何异同之处呢？下面将进行具体分析。

12.3.1 知识产权质押融资模式中各主体风险的共同点

1. 借款人承担的风险

借款人承担因企业经营不善而导致知识产权质押融资失败、无法偿还本金，要支付巨额违约金，知识产权流失等造成的巨大经济损失的风险。

2. 银行承担的风险

从国家政策到银行自身环节，从知识产权处置难到不易控制等环节，银行的贷款风险存在于每个环节中。

3. 政策引起的贷款风险

国家政策的不稳定性、不可预测性使银行贷款收益的不确定性上升。银行在放贷中对政策的把握与实际情况会有一定的偏差，也增大了贷款风险。

4. 信贷人员引起的贷款风险

信贷人员利用权力为关系人谋取优惠于他人的贷款；或者为了完成贷款任务，对借款人条件的审查不严格，在担保不足，甚至无担保的条件下发放贷款。

5. 客户风险

客户风险主要是信用风险，由于各种不确定性因素，借款人不能按时偿还贷款，造成贷款损失，形成呆账贷款、逾期贷款和呆滞贷款。

6. 时间价值导致的风险

由知识产权的时间性及技术进步的特性可知，在较长的时间范围内，知识产权价值在不确定性中呈不断递减的趋势。对于银行来说，知识产权时间价值的递减性与货币贷款时间价值的递减性是相反的，因此相对于其他类型的贷款而言，知识产权质押贷款的风险较大。

7. 知识产权处置难引发的风险

知识产权的流动性差，处置困难，而且现阶段知识产权的转让市场较小，其处置需聘请专家进行评估，再加上严格的处置程序，就会牵涉银行太多的人力、物力和财力，因此处置成本高；同时，知识产权的交易渠道有限，且相关制度建设滞后。据统计，目前在我国国家知识产权局申请通过的各项专利技术已达163万种，但出于各种原因，未能实现市场转让或未能为社会创造财富的专利大约占 50%以上。因此，在借款人无法偿还本金的情况下，极有可能出现知识产权"砸在银行手里"的情况，可见银行承担着巨大的经济损失风险。

8. 银行不易控制出质的知识产权，难以防范风险

知识产权质押制度未赋予质权人对出质权利的转让与实施享有知情权和收益控制权，这样便存在出质人侵犯质权人利益的可能性，导致银行利益受损，不利于担保债权的实现。此外，知识产权质押贷款与银行其他贷款的根本区别在于知识产权的价值具有不稳定性，有些知识产权在使用过程中会突然冒出侵权纠纷，其产权归属也成问题，这些因素是银行难以控制的。

9. 担保机构承担的风险

担保使债权实现获得双重保障，使债务人之外的第三人与债务人共同承担债务责任。但知识产权质押融资贷款的门槛高、风险大，一旦发生坏账，担保机构就要承担巨大的损失。

10. 评估机构承担的风险

① 评估体系不成熟带来的风险。知识产权的价值要通过先进的评估技术才能确定，而我国目前欠缺完善的知识产权评估制度及统一的标准，尚未形成系统化、规范化的评估体系，同时对商标权、专利权、著作权中财产权价值的评估的随意性又很强，因此不能科学地进行价值评定给评估机构带来了很大的风险。

② 知识产权价值的不确定性导致评估困难所带来的风险。在技术、经济形势及权利有效期等诸多因素变化的影响下，知识产权的价值会出现较大的波动。一旦出现替代技术，用于质押的知识产权就可能突然间变得分文不值。因此评估机构承担着很大的风险。

12.3.2 各类知识产权质押融资模式中各主体风险的比较分析

各类知识产权质押融资模式中各主体风险的比较分析见表 12-3。

表 12-3 各类知识产权质押融资模式中各主体风险的比较分析

模式主体	银 行	政 府	中介机构
上海浦东模式	承担 1%～5%的风险，在发放贷款方面处于比较被动的状态	承担 95%以上的风险，评估机构的风险包括在政府风险中	无
广东佛山模式	知识产权交易所对专利权拍卖、转让保全下来的资产作为对银行的最大还款额，风险大	知识产权局负责预审，不承担不良贷款带来的风险	无

续表

模式主体	银　行	政　府	中介机构
北京"展业通"模式	一系列市场化的风险控制和风险分散机制，降低了银行的放贷风险	引导和推动知识产权质押融资活动，并不过多参与具体的运作	评估机构和律师事务所承担无限连带责任，保险公司实际上承担90%的赔偿责任
湘潭模式	承担各种法律风险、评估风险和处置风险	不承担任何风险	无

参考文献

[1] 张先治，陈友邦. 财务分析[M]. 大连：东北财经大学出版社，2017.

[2] 汤谷良. 财务管理案例[M]. 北京：北京大学出版社，2017.

[3] 荆新，王化成，刘俊彦. 财务管理学[M]. 北京：中国人民大学出版社，2018.

[4] 张新民，钱爱民. 财务报表分析[M]. 北京：中国人民大学出版社，2017.

[5] 张瑶. 碧水源企业价值评估案例分析[D]. 深圳大学，2017.

[6] 周炜，宋晓满，佟爱琴. 财务管理案例分析[M]. 上海：立信会计出版社，2016.

[7] 崔飚，黄辉. 财务管理案例[M]. 北京：经济科学出版社，2018.

[8] 高金蕾. 吉林敖东药业集团股份有限公司应收账款管理研究[D]. 阜阳师范学院，2018.

[9] 赵紫薇. 基于哈佛分析框架下的 A 公司财务分析[D]. 沈阳大学，2019.

[10] 石欢. 华能国际高派现股利政策研究[D]. 广东工业大学，2017.

[11] 黄健. 广汽集团新能源乘用车 E 车型生产项目投资决策研究[D]. 华南理工大学，2014.

[12] (美)斯蒂芬 A. 罗斯(Stephen A. Ross)等. 公司理财[M]. 北京：机械工业出版社，2017.

[13] 刘淑莲. 财务管理理论与实务[M]. 大连：东北财经大学出版社，2019.

[14] 陈玉罡，刘彧，莫昕等. 大数据与互联网公司估值：精选案例分析[M]. 大连：东北财经大学出版社，2019.